SOLEIL 002

戎光祥選書ソレイユ 002

九条兼実

貴族がみた『平家物語』と内乱の時代

樋口健太郎
higuchi kentaro

戎光祥出版

はしがき

十二世紀末、平氏一門の栄華や、平氏と源氏との合戦の数々は、『平家物語《へいけものがたり》』の中に描かれ、それを通して古来より人々に親しまれてきた。そこに示された時代像や政治的諸事件、合戦についての見方は、現代でもそのまま受け継がれているものが多い。だが、『平家物語』が成立したのは早くても一二三〇年代、平氏滅亡から五十年近く後のことである。『平家物語』は、あくまで平氏が滅亡し、鎌倉幕府が成立した後からの視点で描かれているのであり、作為・虚構も多い。このことから近年、歴史学研究では、『平家物語』に影響されて形成された歴史像の見直しが進んでいる。

そして、その際、頼りになるのが貴族の日記である。この当時、貴族たちは政務・儀式の詳細を日記に記録し、子孫たちがそれを先例として活用できるように残していたが、その中に自分が関わったり、人から聞いた事件や出来事についても書き残していた。このような貴族の日記の中でも、『平家物語』が扱った十二世紀末に書かれた日記で、最大の情報量を持つのが九条兼実《くじょうかねざね》の『玉葉《ぎょくよう》』である。『玉葉』は、長寛《ちょうかん》二年（一一六四）から元久《げんきゅう》二年（一二〇五）にわたる四十一年間の日記で、近年刊行された九条家本でいうと、原本は五十冊。活字本は各巻三百頁余りで全十四巻、総頁数は優に四千頁を超えるのである。

『玉葉』の記事によって、『平家物語』の虚構が明らかになった例としては、たとえば一《いち》ノ谷《たに》の合戦がある。一ノ谷合戦といえば、源義経《みなもとのよしつね》による逆落《さか》としが有名で、その真偽が話題にされてきたが、『玉葉』の寿永《じゅえい》三年（一一八四）二月八日条には、次のように記されている（原文は漢文だが、読みやすくなるよう現代語に意訳した）。

八日丁卯、天気は晴れ。未明に家人《けにん》が走って来て、「式部権少輔範季朝臣《しきぶごんのしょうゆうのりすえあそん》（源範頼《のりより》の育ての親）から使者があり、それによれば、この夜半、（範季のもとに）梶原平三景時《かじわらへいざかげとき》から飛脚《ひきゃく》が送られ、その言うところでは『平氏はすべて討ち取った』とのことだそうです」と言った。その後、午《うま》の刻《こく》（午後〇時頃）くらいに定能卿《さだよしきょう》（兼実妻の兄弟）がやって来て、合戦の詳細を語った。（それによれば）一番に九郎（義経）のもとから報告があった。これは搦手《からめて》（敵の背後を攻める軍勢）で、先に丹波の城を落とし、次に一ノ谷を落としたという。次に加羽冠者《かばのかじゃ》（範頼）が事情を申してきた。これは大手（敵の正面を攻める軍勢）で、海岸から福原に攻め寄せたという。辰《たつ》の刻（午前八時頃）から巳《み》の刻（午前十時頃）まで一時《いっとき》（約二時間）も経たないのに程なく攻め落とされた。多田行綱《ただゆきつな》は山方《やまがた》から攻め寄せ、真っ先に山の手を落としたという。ほとんど籠城の者は一人も残っていなかった。（以下省略）

これを見ると、記主《きしゅ》（日記の筆者）の兼実は、合戦の内容を起こった順ではなく、聞いた順で記している。話はわかりにくいが、かえって臨場感があるだろう。右のうち、近年の研究で話題になったのは、最後の多田行綱が「山の手」を落としたという部分で、「山方」から攻め寄せたという表現から、逆落としをおこなったのは義経ではなく、行綱だったのではないかという説が提起されているのである。また、『平家物語』は義経をメインに合戦を描き出すが、『玉葉』によれば、義経は搦手の大将にすぎず、むしろ兄の範頼のほうが、大手勢として平氏の本拠地である福原に攻め込んでいることがわかるのも興味深い。

このように『玉葉』を読み込むと、『平家物語』とは異なる歴史の事実が見えてくる。しかし、かなりの歴史好きでも『玉葉』を手にとって読んだ方は少ないだろう。そもそも日記を読むためには、記主がどんな人物であったのか、知らなければ内容を理解するのは難しい。そこで、本書では『玉葉』を読むための手引きの一つとして、記主である九条兼実の人生について、『玉葉』に記された政治や社会の状況とともに見ていきたい。実は兼実自体、この時期、政治の中枢に位置し、波乱の生涯を送った人物なのである。

なお、『玉葉』については兼実自筆の原本は現存しないが、兼実の息子良平《よしひら》が書写に関わった可能性がある九条家本が宮内庁書陵部《しょりょうぶ》に所蔵されており、近年刊行された。九条家本の刊行後、兼実や『玉葉』に関する研究は活発化し、まとまったところでは、国文学の加納重文《かのうしげふみ》氏による『九条兼実―社稷《しゃしょく》の志《こころざし》、天意神慮《てんいしんりょ》に答える者か―』（ミネルヴァ書房、二〇一六年）が出版された。しかし、本書では、先に見たような最新の研究成果をふまえ、貴族の日記から読み取れる内容に照らして政治史全体を見直し、従来の「貴族から武士へ」といったステレオタイプではない時代像の提示を試みた。

それにともない、兼実の一生の展開も、これまで描かれたものとはまったく異なったものになっているはずである。関連する著作・研究は巻末にまとめたので、あわせて読まれることをお薦めする。

二〇一七年十月

樋口健太郎

※本書では『玉葉』のテキストは九条家本を使用し、『玉葉』が典拠となる場合、典拠表記は書名を省略した。また、史料は原文の表現が伝わるよう、なるべく読み下しにしたが、意味が通りにくいものや長文の場合、現代語に意訳した。女性名は読み方が不明のものが多いため、あえてルビを付けなかった。

目次

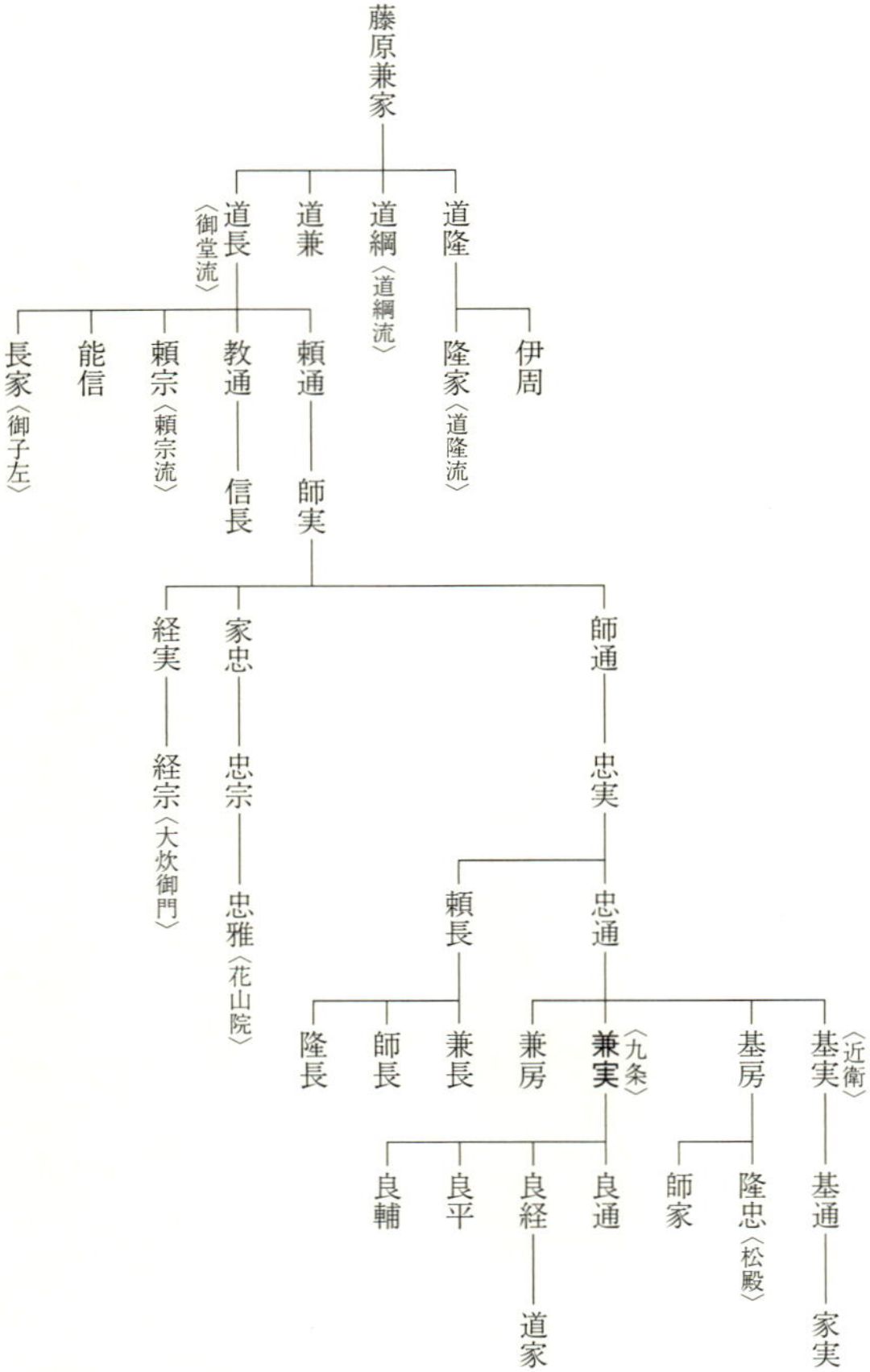
藤原兼家
道長〈御堂流〉
道兼
道綱〈道綱流〉
道隆
長家〈御子左〉
能信
頼宗〈頼宗流〉
教通
頼通
隆家〈道隆流〉
伊周
信長
師実
経実
家忠
師通
経宗〈大炊御門〉
忠宗
忠実
忠雅〈花山院〉
頼長
忠通
隆長
師長
兼長
兼房
兼実〈九条〉
基房
基実〈近衛〉
良輔
良平
良経
良通
師家
隆忠〈松殿〉
基通
道家
家実

系図　摂関家略系図

第一部　摂関家に生まれて

第一章　摂関家の確立

繁栄する藤原氏一族

七世紀、大化《たいか》の改新《かいしん》を推進し、天智《てんじ》天皇を補佐した中臣鎌足《なかとみのかまたり》は晩年、天皇から藤原の姓を授けられた。藤原氏はここにはじまる一族で、鎌足の子不比等《ふひと》が二人の娘を天皇の后妃《こうひ》にして以来、天皇と密接な関係を築いて繁栄した。本書の主人公である九条兼実も藤原氏の一族であり、ルーツをたどると鎌足・不比等に行き当たる。

ただ、兼実の生まれた時代、藤原氏であること自体には、それほど大きな意味はなくなっていた。というのも、藤原氏は不比等の子の四兄弟（武智麻呂《むちまろ》・房前《ふささき》・宇合《うまかい》・麻呂《まろ》）がそろって議政官《ぎせいかん》（公卿《くぎょう》）となり、南家《なんけ》・北家《ほっけ》・式家《しきけ》・京家《きょうけ》の四家を起こして以来、いくつもの系統に分かれていた。藤原氏は権力確立の過程でほかの氏族を排斥したとされているが、内部でも権力闘争を繰り返し、系統ごとの格差が広がっていたからである。

不比等の子が起こした四家のうち、平安時代、朝廷政治を主導したのは北家であった。北家の初代房前の曾孫にあたる冬嗣《ふゆつぐ》は、嵯峨《さが》天皇に重用されて初代の蔵人頭《くろうどのとう》になり、その子良房《よしふさ》は清和《せいわ》天皇の

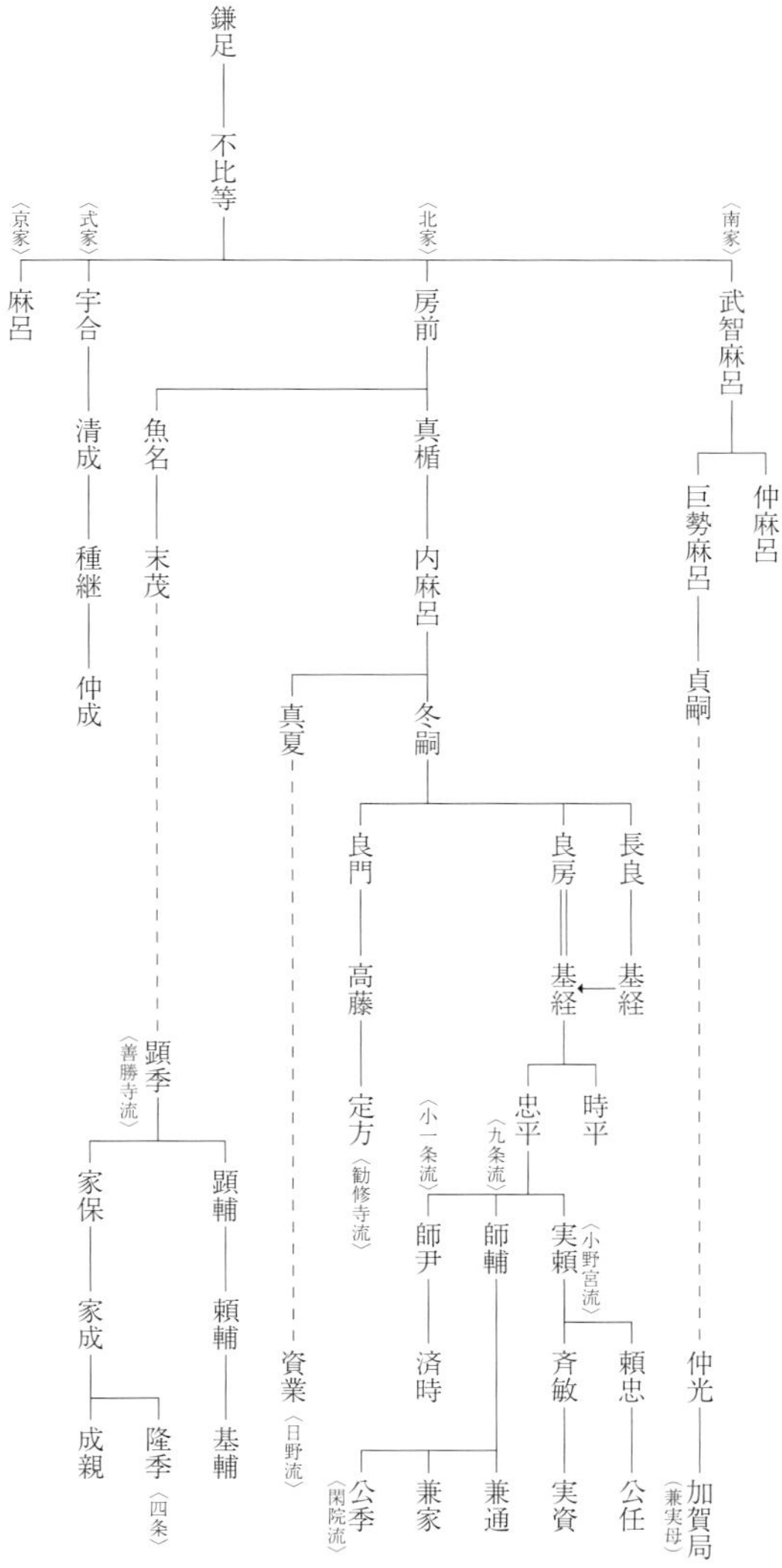
鎌足
不比等
〈京家〉
麻呂
〈式家〉
宇合
清成
種継
仲成
〈北家〉
房前
魚名
末茂
顕季
〈善勝寺流〉
家保
家成
成親
隆季
〈四条〉
顕輔
頼輔
基輔
真楯
内麻呂
真夏
資業
〈日野流〉
冬嗣
良門
高藤
定方
〈勧修寺流〉
良房
長良
基経
基経
忠平
時平
師尹
〈小一条流〉
済時
師輔
〈九条流〉
公季
〈閑院流〉
兼家
兼通
実頼
〈小野宮流〉
斉敏
実資
頼忠
公任
〈南家〉
武智麻呂
巨勢麻呂
仲麻呂
貞嗣
仲光
加賀局
〈兼実母〉

系図１　藤原氏略系図

『前賢故実』に描かれた藤原道長　国立国会図書館蔵

外祖父《がいそふ》として人臣初の摂政《せっしょう》になった。また、良房の甥《おい》で養子となった基経《もとつね》は、宇多《うだ》天皇によってはじめて関白《かんぱく》に任じられ、この子孫は代々摂政・関白（摂関《せっかん》）に任じられて摂関政治を主導していくことになる。

しかし、北家も発展とともに複数の系統にわかれ、天皇外戚《がいせき》や摂関の地位をめぐって激しい闘争を繰り広げた。とくに基経の孫の代には、摂関候補と目された右大臣師輔《もろすけ》の急死もあって、主流が九条流《くじょうりゅう》・小野宮《おののみや》流《りゅう》・小一条流《こいちじょうりゅう》の三流に分裂したほか、九条流の中でも兼通《かねみち》・兼家《かねいえ》兄弟や、道長《みちなが》と甥の伊周《これちか》が激しく対立するなど、骨肉《こつにく》の争いが続いた。

こうした中で、十一世紀初頭、後一条《ごいちじょう》・後朱雀《ごすざく》・後冷泉《ごれいぜい》の三代の天皇の外戚となり、圧倒的な権力を手中にしたのが道長である。道長は姉で一条天皇の生母であった東三条院《ひがしさんじょういん》詮子を後ろ盾に、伊周との対立に勝利を収めると、娘の彰子（のち上東門院《じょうとうもんいん》）を入内《じゅだい》させ、一条天皇の中宮《ちゅうぐう》とする。そして、彰子が産んだ後一条天皇が即位《そくい》すると、分かれていた皇統《こうとう》を後一条の皇統のみに一本化し、天皇外戚の地位を独占したのである。

こうして、道長とその子息のみが天皇と密着した関係を構築すると、以降、北家の中でも道長の子孫とそのほかとの格差は絶対化し、道長の子孫は摂関の地位を父から子へと世襲するようになっていった。道長の系統を御堂流《みどうりゅう》といい、その中でも摂関を世襲した直系子孫を摂関家と呼んでいる。もうお気付きかと思うが、実はこの摂関家こそ、兼実の生まれた家系である。彼は藤原氏の一族の中でも、貴族社会の頂点に位置づけられた名門中の名門の一族に生まれたのである（なお、九条兼実の「九条」は、彼が九条富小路殿《とみのこうじどの》に住んだことによる通称である。本来は「藤原兼実」が適切だが、本書ではほかの藤原氏諸家と区別するため、慣例に従い、彼にはじまる家系を九条家と称し、彼を九条兼実と呼ぶ）。

院と摂関家の協調によりおこなわれた政務

では、兼実が生まれた頃、摂関家はどのような状態にあったのだろう。

一般に、摂関政治は道長と息子頼通《よりみち》の時代に全盛を極めたとされ、院政が開始されると、摂関家は没落すると理解されることが多い。だが、最近の研究では、摂関家は院政開始以後も国家の最高意志決定に関与し、貴族の中では唯一荘園の最高領主職である本家職《ほんけしき》の保持が可能であったなど、特別な性格を保持していたことが明らかになっている。

摂関家はなぜ没落しなかったのか。これについては、まず摂関家が世襲した摂政・関白の役割に注意する必要がある。摂政とは、天皇が幼少で即位した場合、天皇としての職務をおこなうのが困難であるため、それに代わって天皇の職務を代行する役職であり、関白とは天皇が成人した後、その側にあって政務や儀式などを指導・補佐した役職である（摂政・関白は天皇に代わって政務を主導するので、「執政」とも称された）。

しかし、院政を主導する院には、このような摂関の職務をおこなうことが不可能であった。いうまでもなく、院とは天皇を退位した上皇のことだが、平安時代、天皇は退位すると、宮殿であり政務や儀式もおこなわれる内裏《だいり》から退出するのが決まりであった。つまり、院は基本的に天皇と同じ場所にいることができないのだから、天皇の代わりにその職務を務めたり、天皇の側にあって政務・儀式を指導・補佐することなどできなかったのである。したがって、院政が開始されても、内裏の中で天皇を指導・補佐する存在として、摂関の重要性は変わらなかった。

一方、摂関家は、道長・頼通の時代、長く天皇外戚の地位を占めたが、治暦《じりゃく》四年（一〇六八）、摂関家を外戚としない後三条《ごさんじょう》天皇の即位によって天皇外戚の地位から転落する。とはいえ、摂関家はこれ以降も摂関の地位を失うことはなかった。この理由としては、そもそも後三条の母が三条天皇の皇女禎子内親王《ないしんのう》であって、摂関家以外の貴族が外戚になったわけではなかったことが大きいだろう。後三条の次の白河《しらかわ》天皇も、母は北家閑院流《かんいんりゅう》（道長の叔父公季《きんすえ》の一族）の藤原公成《きんなり》の娘茂子で、摂関家を外戚としなかったが、白河即位の時点では、母茂子も外祖父公成もすでに没していた（茂子は頼通の異母弟能信《よしのぶ》の養女として皇太子妃になったが、白河即位の時点では能信も没していた）。後三条も白河も、摂関家に代わるような有力な外戚家を持たなかったのである。

そこで、後三条は頼通同母弟の教通《のりみち》を関白に迎え、白河は頼通の息子師実《もろざね》を関白とした。しかも、白河は師実の養女賢子を中宮に迎えて皇子善仁《たるひと》親王（のち堀河《ほりかわ》天皇）を儲《もう》けており、後三条の没後、皇位継承をめぐって異母弟の実仁《さねひと》親王・輔仁《すけひと》親王と対立・対抗する中で、摂関家との結びつきを強めていった。白河は道長以来、摂関として天皇を支えてきた名門である摂関家と結ぶことで、自身の正統性を確保しようとしたのである。

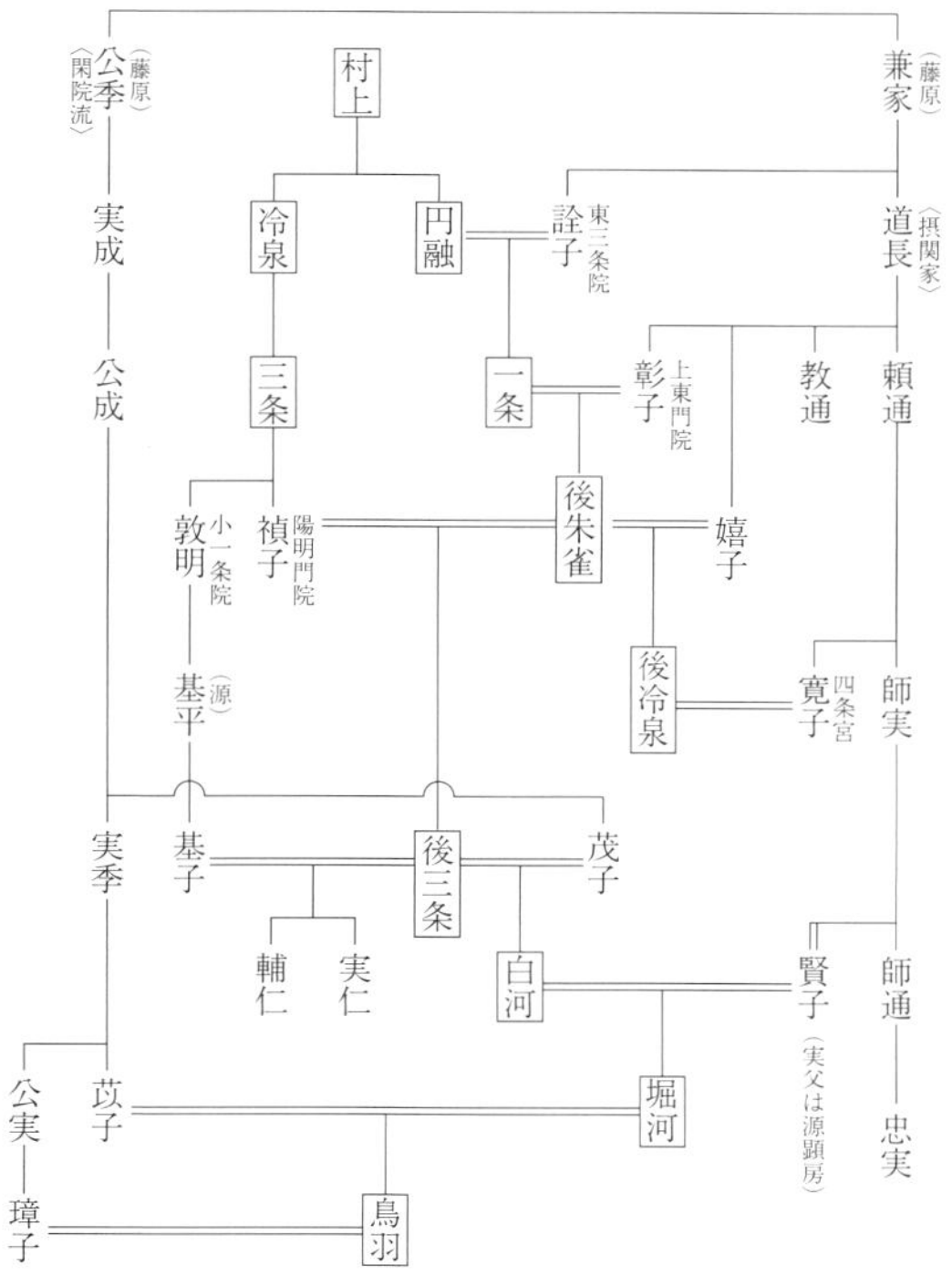

系図２　天皇家・摂関家関係略系図

　その後、さらに嘉承《かしょう》二年（一一〇七）、堀河天皇が早世《そうせい》し、鳥羽《とば》天皇が践祚《せんそ》すると、外伯父《がいおじ》にあたる閑院流の藤原公実《きんざね》が摂政に名乗りを上げたが、白河はこれを退け、師実の孫にあたる忠実《ただざね》を摂政に任じた。

　ここに摂関と天皇外戚は完全に分離し、御堂流嫡流《ちゃくりゅう》は、名実ともに摂関を世襲する摂関家の地位を確立したのである。しかも、忠実は白河院との協調関係の下、各地に多くの荘園を集積し、その経営のために政所《まんどころ》・侍所《さむらいどころ》などの家政機関を整備、私兵として武士を編成して、その権力を強化していった。

院政を支えた父・忠通

この忠実の長男が、兼実の父忠通《ただみち》である。忠通は嘉承二年（一一〇七）、十一歳のときに院御所に参上して「院の御子《みこ》」とされており（『殿暦《でんりゃく》』六月十一日条）、幼少時から白河院と密接な関係にあった。保安《ほうあん》二年（一一二一）正月二十二日に関白に任じられると、参内の前に必ず院御所に立ち寄って院の意向をうかがい、院に命じられたとおり、「カヾミ《（鏡）》ニムカウ《（向）》ヤウニ」政務の処理をおこなったという（『愚管抄《ぐかんしょう》』巻第四）。このような忠通と院の関係は、まさに当時の政務が摂関家と院との協調により執り行われていたことを物語る。

大治《だいじ》四年（一一二九）、白河院が没すると、かわって院政をはじめた鳥羽院は、白河院の政策を軌道修正し、院近臣たちも大きく入れ替えられたが、忠通は実務に長じていたため、鳥羽院政下でも引き続き関白・摂政として重用された。鳥羽院政期には、忠通が鳥羽殿《とばどの》に常住する院にかわって公卿の議定《ぎじょう》を主催するなど、政務の処理を委ねられていた。また、大治五年には、崇徳《すとく》天皇の中宮として、兼実の異母姉にあたる聖子を入内させている。永治《えいじ》元年（一一四一）には崇徳が退位して、異母弟の近衛《このえ》天皇が即位するが、聖子は近衛の養母として内裏にとどまり、忠通は養外祖父として天皇を支えたのである。

忠通は、一言で言うと大変器用な人で、政務以外にもマルチに才能を発揮した。『保元《ほうげん》物語』には、忠通が「詩歌《しいか》にたくみにて、御手跡《ごしゅせき》も美しくあそばされける」のを、異母弟の頼長《よりなが》が「詩歌は閑中《かんちゅう》のもてあそびなり。朝儀《ちょうぎ》の要事《ようじ》にあらず。手跡はまた一旦《いったん》の興《きょう》なり」と批判したという逸話が見えるが、これらはいずれも当時の文人《ぶんじん》貴族としては、必須の教養であった。つまり、当時の貴族文化の中では一流の才人と見なされていたのである。

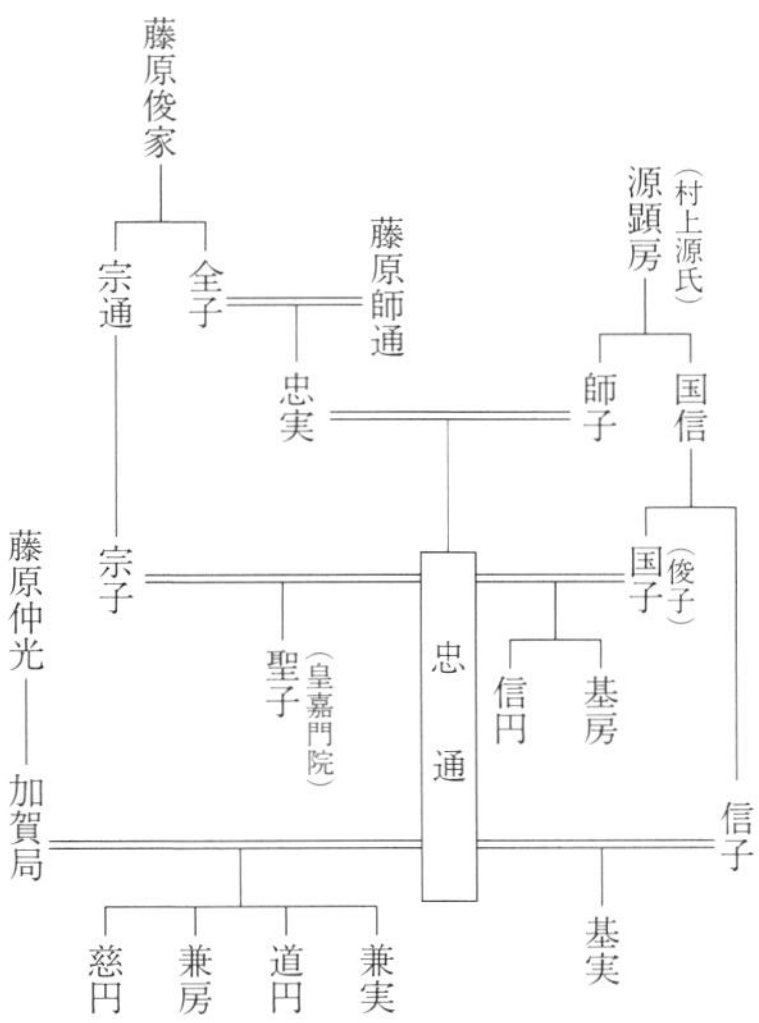

系図３　藤原忠通関係図

このうち、とくに「手跡」つまり書については、それまで一般的だった、字形を尊重した優美な書体とは異なって、伝統を無視した個性的な書体で、彼の書風は一世を風靡《ふうび》し、書流を大きく変えたといわれる。忠通の書は現在、国宝に指定されているものもあるが（京都国立博物館所蔵藤原忠通書状）、生前から珍重され、あちこちから揮毫《きごう》を求められた。『古事談《こじだん》』（巻第二―二四）には、仁和《にんな》寺《じ》の法親王《ほっしんのう》からの依頼で揮毫した書が奥州《おうしゅう》藤原

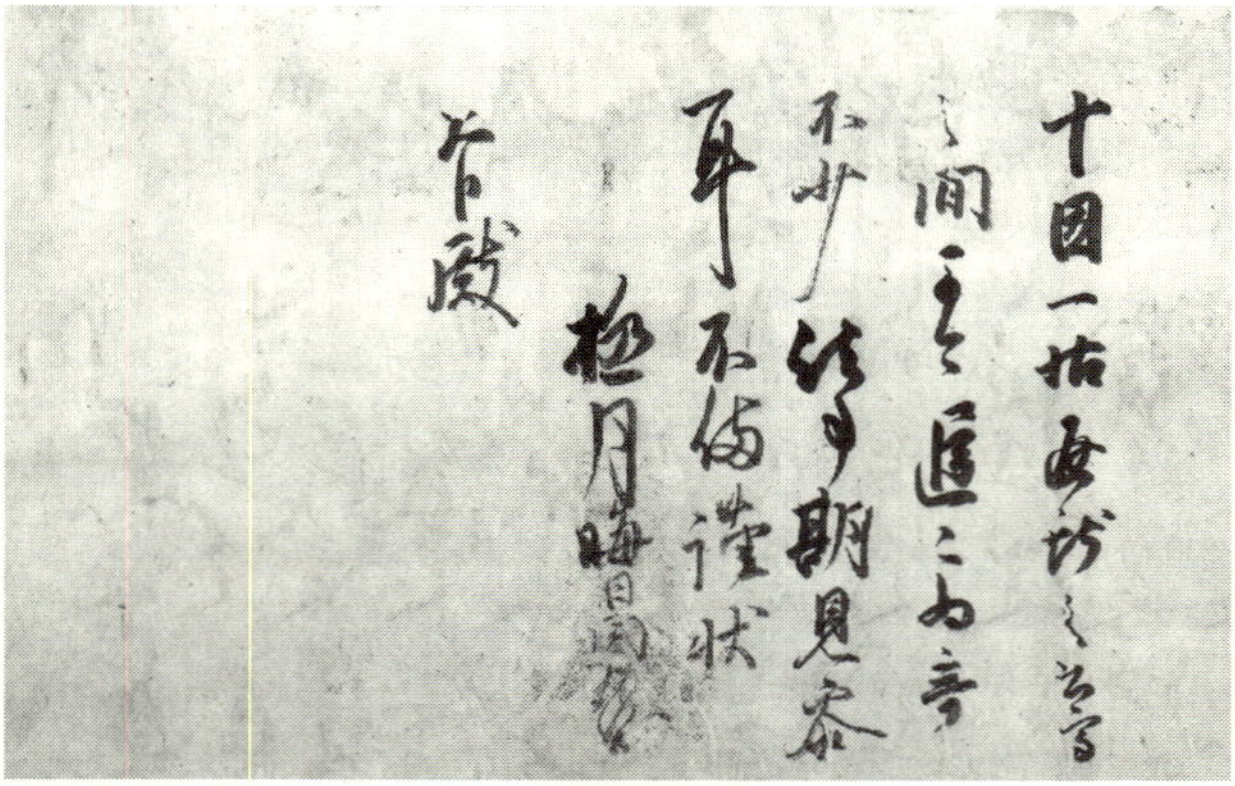

藤原忠通消息幅　「九条家文書」　宮内庁書陵部蔵

氏・基衡《もとひら》の堂の額だと知り、使者を派遣して取り返したとの逸話があるが、兼実によれば、忠通は実際には「縁無き山寺の額」であっても揮毫したという（承安四年〈一一七四〉八月十四日条）。

なお、兼実は忠通の能書《のうしょ》の才能を受け継いだようで、承《じょう》安《あん》五年、平清盛の妻時子が西八条殿《にしはちじょうどの》に持仏堂《じぶつどう》を建立したときには、寺額を揮毫し、清盛から賞賛されている（三月九日条）。忠通は晩年、京都南東の法性寺《ほっしょうじ》に邸宅を構え、法性寺殿《どの》と称されたので、彼の書流は「法性寺流」といわれたが、「法性寺流」は兼実からその二男良経《よしつね》へと受け継がれて「後京《ごきょう》極《ごく》流」へと発展し、近世以降、広く用いられた「青蓮院《しょうれんいん》流」（御家《おいえ》流）の基礎となった。

忠通に愛された母・加賀局

兼実の母は加賀局《かがのつぼね》といい、藤原仲光《なかみつ》の娘であった。仲光は南家出身の下級貴族で、忠実の侍所の職員（職事《しきじ》）として摂関家に仕え、寺社に使者として派遣されるなど、雑用に従事していた（『殿暦』

天永元年〈一一一〇〉十月一日条など）。加賀局自身も摂関家に仕える家女房《にょうぼう》の出身で、忠通の正妻ではなかった。つまり、兼実は妾腹《しょうふく》の子なのである。

ただし、忠通の正妻である藤原宗子（頼宗《よりむね》流・藤原宗通《むねみち》の娘）は、忠通より七つ年上で（宮内庁書陵部所蔵『胡曹抄《こそうしょう》』）、崇徳天皇の中宮となった聖子（皇嘉門院《こうかもんいん》）を産んだものの、跡継ぎとなる男児を産むことがなかった。そこで、忠通は宗子が子どもを産めなくなった段階で、妾《めかけ》を迎え、妾に跡継ぎを産ませることにしたらしい。最初に迎えた妾は、忠通の母方の従兄弟《いとこ》にあたる源信子で（父の権中納言《ごんのちゅうなごん》国信《くにのぶ》は忠通の母師子の兄弟）、康治《こうじ》二年（一一四三）、基実《もとざね》を出産した。ときに忠通四十七歳、待望の長男であった。次の妾は信子の妹国子（または俊子）で、彼女は天養《てんよう》元年（一一四四）に二男基房《もとふさ》を出産している。

そして、三人目が加賀局であった。彼女は忠通との間に久安《きゅうあん》五年（一一四九）、兼実を出産し、その後も仁平《にんぴょう》元年（一一五一）に道円《どうえん》（のち出家）、仁平三年に兼房《かねふさ》、久寿《きゅうじゅ》二年（一一五五）に慈円《じえん》（のち出家）を産んでいる。ちなみに兼実が生まれたとき、父忠通は五十三歳であった。当時としてはすでに老境に入っていたといえるだろう。一方で次章で見るように、この頃から忠通は権謀術数《けんぼうじゅっすう》の限りを尽くして政敵を追い詰める激しさを見せるのだが、この背景には、まだ幼い子どもたちの存在があったに違いない。

久寿三年正月四日、八歳の兼実は兄基実や弟の「あや前《まえ》」（のちの道円）とともに、忠通に連れられて内裏に参上した。これが兼実の史料上の初見である（『兵範記《へいはんき》』）。だが、それから一ヶ月余り後の二月十日、母加賀局は三十三歳の若さで亡くなった。忠通の家司《けいし》である平信範《たいらののぶのり》の日記『兵範記』によれば、彼女は前月（正月）の中旬以降、体調が優れず、忠通はあちこちで祈禱《きとう》をおこなっては回復を祈らせたが、その効果はなかったらしい。次章で述べるように、この頃はちょうど忠通と弟頼長との対立が重大な局面に入った時期なのだが、『兵範記』の同年三月四日条によれば、加賀局の死によって、忠通は朝廷への出仕もしばらく止めていたとされる。あちこちに祈禱を命じて回復を祈らせたことといい、出仕の停止といい、忠通の加賀局に対する愛情の深さの程がうかがえよう。

なお、彼女の墓所は、忠通の正妻宗子が法性寺に建立した最勝金剛院《さいしょうこんごういん》の中に、光明院《こうみょういん》という寺院として建立され、兼実は成人すると毎年、母の命日に仏経《ぶっきょう》・布施《ふせ》を送っている。この光明院には、少なくとも大和国内に七ヶ所の所領があったことが確認できる（治承《じしょう》五年〈一一八一〉三月三日条）。このことはこれまであまり注目されていないが、おそらく忠通から譲られたものだろう。だとすれば、このことも忠通の加賀局に対する特別な思い入れを物語るといえるかもしれない。

第二章　保元・平治の乱の衝撃

忠通を救った保元の乱

兼実が生まれた頃、父忠通は政治的な岐路に立たされていた。忠通の正妻宗子に男子が生まれなかったことは前述したとおりだが、長く跡継ぎのなかった忠通は、天治《てんじ》二年（一一二五）、二十八歳のときに養子を迎えた（『中右記目録《ちゅうゆうきもくろく》』）。これが異母弟の頼長である。彼は「日本第一大学生《だいがくしょう》」と称された学者肌の政治家で（『愚管抄』巻第四）、忠通の養子になった頼長は摂関家の跡継ぎとして、エリートコースの昇進を遂げていった。

ところが、ここで康治二年（一一四三）、忠通に長男基実が誕生する。頼長は忠通と二十歳違いであるが、基実とも二十歳ほどの年齢差があり、世代的に考えて頼長の摂関家の跡継ぎとしての地位は揺るがなかったものと思われるが、問題は頼長の後である。頼長にも兼長《かねなが》・師長《もろなが》・隆長《たかなが》という三人の男子がいたのであり、頼長の子が摂関家を継ぐことになれば、せっかく跡継ぎが誕生しても、忠通の子孫は傍流《ぼうりゅう》の立場に甘んじなければならないだろう。ここに、忠通と頼長の関係はしだいに悪化し、忠通は頼長に摂関を譲ること自体、渋るようになっていく。

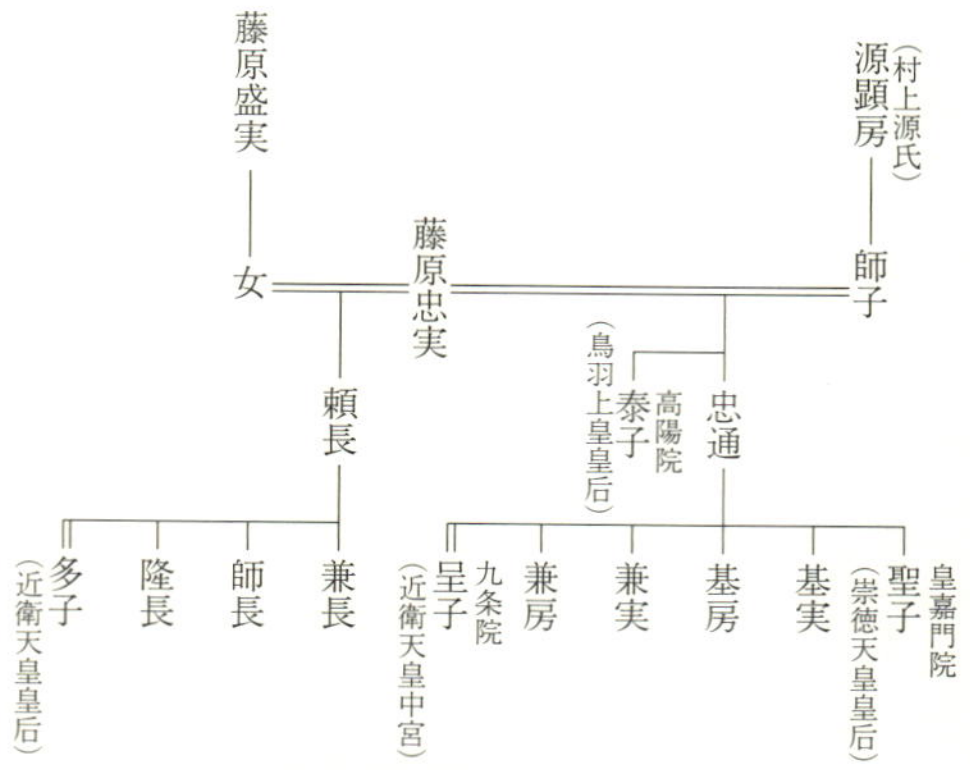

系図４　鳥羽院政期摂関家略系図

藤原頼長　「天子摂関御影」　宮内庁三の丸尚蔵館蔵

こうした中で、忠通・頼長の父であり、摂関退任後も「大殿《おおとの》」と称されて摂関家の実権を握っていた忠実は、忠通に強く頼長への関白譲渡を迫った。しかし、忠通はこれを拒否したので、忠実は久安六年（一一五〇）九月二十六日、ついに忠通を義絶《ぎぜつ》する。そして、忠通から藤原氏の長として氏寺《うじでら》・氏社《うじしゃ》の管理権を持つ藤氏長者《とうしちょうじゃ》の地位をはじめ、摂関家の当主に伝来される荘園や邸宅、日記・文書《もんじょ》などを取り上げて、頼長に与えたのである。

しかも、これは単に財産だけの問題では済まなかった。忠通義絶直後の久安六年十二月、基実は八歳で元服したが、官位の昇進は兼長や師長と比べても遅く、摂関家の嫡子《ちゃくし》（後継者）が代々任じられる近衛大将《このえのたいしょう》にも任じられなかった。一方、兼長は摂関家嫡流を象徴する五位中将《ごいちゅうじょう》を経て、仁平三年（一一五三）、近衛大将に昇進している。義絶によって忠通親子は昇進のうえでも摂関家嫡流の座から陥落してしまったのである。

しかし、ここで忠通にとって幸運だったのは、摂関家嫡流や藤氏長者といった地位は失っても、関白の地位は失わなかったことである。関白は院や天皇によって任じられるものなので、忠実はこれを取り上げる権限はなかったし、鳥羽院も頼長を関白に準じた地位である内覧《ないらん》に任じたものの、一方で忠通の能力は認めていて、頼長とともに忠通を関白として温存したのである。

そこで、忠通は関白という地位を最大限に活用して父や弟に反撃を開始する。関白は内裏内に直廬《じきろ》という宿所を持ち、一日中天皇の側に伺候《しこう》できた。そのため、ここで忠通は近衛天皇に頼長の悪口《あっこう》を吹き込み、天皇が頼長を嫌うように仕向けていった。仁平二年、天皇の行幸《ぎょうこう》にあたり、頼長は不参の忠通に代わって束帯《そくたい》の裾《きょ》を取ろうとしたが、天皇は頼長に裾を取られるのを嫌がって、自ら裾を取って輿《こし》から降りたという（『宇槐記抄《うかいきしょう》』同年十月一日条）。これは前代未聞の珍事で、このようにして頼長は天皇に嫌がられ、天皇の前から遠ざけられたのである。

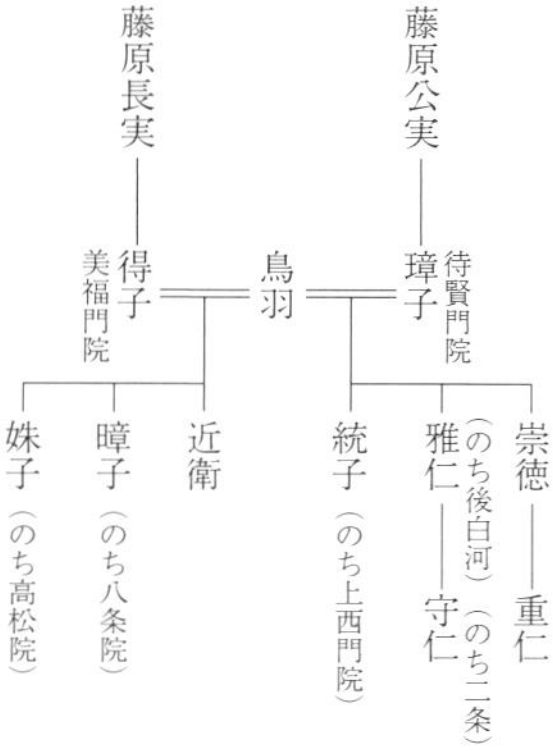

系図5　鳥羽院政期天皇家略系図

病弱だった近衛天皇は、久寿二年（一一五五）七月二十三日に死去するが、忠通は近衛没後のこともいち早く手を打ってい

鳥羽天皇陵　京都市伏見区

た。彼は近衛生母の美福門院《びふくもんいん》得子と結び、近衛の異母兄雅仁《まさひと》親王の皇子で、得子が養育していた守仁《もりひと》親王を将来の皇位継承者とすることを前提に、雅仁親王の即位を画策した。そして、近衛が死去すると、すぐに鳥羽院に報告のうえ、協議して雅仁の即位を推し進めたのである。したがって、雅仁が即位して後白河《ごしらかわ》天皇となると、後白河は忠通を頼りにして彼を引き続き関白の地位に留めた。ところが、このとき頼長はまたしても忠通の策謀によって、近衛天皇を呪詛《じゅそ》した疑いをかけられて鳥羽院の不興を買い、内覧に再任されなかった。ここに頼長は事実上、失脚したのである。

　こうした中、翌保元元年七月二日、鳥羽院が死去した。政局が流動化することを恐れた忠通は、ここで一気に勝負に出た。同月八日、頼長に謀反《むほん》の疑いをかけ、摂関家代々の本邸である東三条殿《ひがしさんじょうどの》を没収したのである。ところが、頼長もこれに唯々《いい》諾々《だくだく》とは従わなかった。頼長は配下の武士や、藤氏長者として指揮下に置く藤原氏の氏寺・興福寺《こうふくじ》の悪僧《あくそう》たちの武力を頼って挙兵し、鴨川《かもがわ》東岸の白河北殿《しらかわきたどの》に立てこもったのである。

　しかも、頼長方には崇徳上皇が合流した。崇徳は皇子重仁《しげひと》親王の即位を期待していたが、弟である後白河が即位したため、不満を募らせていたのである。ここに頼長の挙兵は、天皇と上皇の武力衝突という国家を揺るがす大乱へと発展した。保元の乱である。

結局、忠通は七月十一日の早朝、源義朝《よしとも》・平清盛らの軍勢に命じて白河北殿を急襲させ、源為義《ためよし》・平忠正《ただまさ》を中心とする頼長らの軍を打ち破った。このとき、頼長は流れ矢に当たって逃亡先の奈良で死去し、その三子は流罪となった。忠通の嘆願によって父忠実は流罪を免れたが、洛北・知足院《ちそくいん》への幽閉を余儀なくされた。忠通は再び藤氏長者に返り咲き、忠実から荘園や邸宅などを返却されて、摂関家の家督の地位を取り戻したのである。

しかし、この大乱の代償は大きかった。兼実の同母弟である慈円は『愚管抄』（巻第四・第七）で、保元の乱を評して「武者《むしゃ》ノ世」のはじまりと述べている。政争が武士の力によって決着を見たことで、以後、武士の力が重視され、保元の乱は平氏や源氏が権力中枢に入り込むきっかけとなった。忠通はパンドラの箱を開けてしまったといえるだろう。兼実をはじめとして、忠通の息子たちはこの大きな重荷を背負うことになるのである。

昇殿を契機に「兼実」を名のる

それはさておき、保元の乱の結果、頼長親子は政界から一掃され、忠通親子は摂関家嫡流の座に返り咲くことになった。兼実の長兄基実はこれ以前、官位の昇進が停滞していたが、乱後、遅れを取り戻すかのようなスピード出世を遂げ、保元二年（一一五七）八月九日にはわずか十五歳で右大臣《うだいじん》に任じられた。これは忠通の任大臣の年齢より四年も早く、後白河天皇の忠通親子への厚遇ぶりを示すものといってよいだろう。

しかも、これは基実だけではなかった。次兄の基房も乱直後の保元元年八月二十九日、十三歳で元服して正五位下《しょうごいのげ》に叙《じょ》され、同年九月十七日には、左近衛権中将《さこのえのごんのちゅうじょう》に任じられて五位中将《ごいちゅうじょう》となった。そして、翌年八月九日には従三位《じゅさんみ》に叙されて公卿となると、同月十九日には参議《さんぎ》を経ずに権中納言に任じられ、兄基実に迫る位置まで昇進したのである。

こうした中で、兼実も保元二年八月五日、九歳で少年となる通過儀礼である着袴《ちゃっこ》の儀を済ませ、同月十四日には昇殿《しょうでん》した。昇殿とは、天皇が日常の住居とする内裏清涼殿《せいりょうでん》の中の殿上間《てんじょうのま》への出入りを許されることで、昇殿を許された者を殿上人《てんじょうびと》といった。兼実はこのときまだ元服前だが、摂関家など上流貴族の子弟は、特別に元服以前に昇殿を許されたのである（これを童殿上《わらわ》という）。また、殿上人の名前は名簿に載せられるから、昇殿する貴族の子弟は、元服前であってもこのときに名前を幼名から大人の実名に改めた。兼実の幼名は明らかではなく、本書では便宜的にこれ以前から兼実という名前を使用しているが、実は「兼実」という名前もこの昇殿に際して付けられたのである。

『兵範記』によれば、兼実の実名については、兼実のほかにも複数の候補があったようである。父忠通は兼実の昇殿に当たり、家司で儒者《じゅしゃ》である式部大輔《しきぶのだいふ》藤原永範《ながのり》に「御名字《ごみょうじ》」を考えるよう命じていたが、永範が示したのは「基良《もとよし》」「兼忠《かねただ》」「忠房《ただふさ》」の三つだった。これらは評定《ひょうじょう》の結果、採用されなかったのである。一方、「兼実」というのは、康和《こうわ》五年（一一〇三）十二月九日、忠通の昇殿に当たり、碩学《せきがく》として知られる大江匡房《おおえのまさふさ》が候補として示した二つの名前のうちの一つであった。このときは同名の下級貴族がいたため、「兼実」は「頗《すこぶ》る便《びん》無し」とされ、もう一つの「忠通」に決定したのだが（『中右記』同日条）、兼実の昇殿では、父忠通のときに捨てた名前が拾われたということになる。

そして、保元三年正月二十九日、兼実の元服儀礼は、摂関家の本邸である東三条殿で盛大におこなわれた。忠通・基実・基房のほか、権大納言《ごんのだいなごん》藤原重通《しげみち》（頼宗流）ら他家の公卿も列席し、理髪《りはつ》役は父忠通の従兄弟である権右中弁《ごんのうちゅうべん》源雅頼《まさより》、加冠《かかん》役は祖父忠実の従兄弟で御年八十二歳の太政大臣《だいじょうだいじん》藤原宗輔《むねすけ》（頼宗流）が務めた（『兵範記』）。

また、この日、兼実は正五位下に叙され、禁色《きんじき》（禁じられた色の服装）の着用を許された。この当時、臣下に授けられる朝廷の位階は、従《じゅ》一位から六位までであったが、五位に叙されることを叙爵《じょしゃく》といい、五位以上は貴族として扱われた。兼実は元服とともに貴族の仲間入りを果たしたわけである。なお、この時代、公卿（位階が三位《さんみ》、官職が参議以上の議政官）の子弟は元服と同時に従五位下に叙されたが、現職摂関の子弟はそれより二等級上の正五位下に叙された。兼実の場合もこれで、現職摂関の子弟として特別な待遇を受けていたのである。

ちなみに、『兵範記』は昇殿の記事で、兼実のことを「四郎若君《わかぎみ》」と記しているが、元服のときには「第三若君」と記している。実は忠通には、宗子との結婚以前に生まれた男子が二人おり、それを入れると兼実は五男になる。だが、結婚前の二人は正式な子としては扱われず、いずれも僧籍に入れられた（恵信《えしん》・覚忠《かくちゅう》）。したがって、兼実は三男なのであり、自身も「関白三郎」と記している（承安五年〈一一七五〉三月六日条）。昇殿のときの「四郎」は、単純な誤りと考えてよいだろう。

かろうじて窮地を逃れた平治の乱

保元の乱後、忠通の子弟が次々とスピード昇進を遂げていく一方で、摂関家の置かれた環境は変わり始めていた。後白河は傍系出身ということもあって、貴族社会内に広い支持基盤を持たなかった。そのため、彼は次第に数少ない側近たちを重視し、忠通までもが政策決定から外されるようになったのである。

中でも後白河の最側近として政権を主導したのが、乳母紀伊局《うばきいのつぼね》（藤原朝子）の夫で、南家出身の信西入道《しんぜいにゅうどう》（藤原通憲《みちのり》）であった。信西は大内裏《だいだいり》造営や年中行事の復興によって、自分が補佐する天皇を中心とした秩序の再興を推し進めたのである。保元三年（一一五八）八月十一日、後白河は皇太子守仁親王に天皇の位を譲り、守仁は即位して二条天皇となったが、この譲位についても、信西と鳥羽院の後家である美福門院との評定によって決定され、忠通には七日前になって知らされる有り様だった（『兵範記』同年八月四日条）。なお、忠通は後白河退位と同日に関白を退任して、長男の右大臣基実が新関白となる。

また、二条即位直前の保元三年四月には、後白河の若き寵臣《ちょうしん》として権勢を振るっていた藤原信頼《のぶより》と摂関家が衝突する事件が起こった。賀茂祭《かものまつり》で信頼の無礼な態度に怒った忠通の家人《けにん》が信頼の車を傷つけたのに対し、信頼の抗議によって、一方的に藤原邦綱《くにつな》・平信範（『兵範記』の記主）ら、忠通の側近が処罰されたのである。信頼は藤原道長の兄道隆《みちたか》の子孫で、この家系は代々大国受領《たいこくずりょう》を歴任して公卿になる中級クラスの貴族だが、後白河によって「アサマシキ程（あきれるほど）御寵《ごちょう》アリ」（『愚管抄』巻第五）といわれ、破格のスピード出世を許されていた。この頃の信頼の前には摂関家の権威などないに等しかったし、後白河自体も摂関家を軽視するようになっていたことがうかがえる。

こうした中で、忠通は大胆な策に打って出た。平治元年（一一五九）七月一日、彼は信頼の妹を長男基実の正妻に迎えたのである（宮内庁書陵部所蔵『胡曹抄』所引「広季記《ひろすえき》」）。名門の家長ながら、生き残りのためなら何でもありという姿勢は忠通の真骨頂といえるだろう。信頼にしても摂関家の縁戚になることで、伝統的な権威を獲得できるという大きなメリットがあったはずである。

だが、これによって自信を深めたのか、信頼はこの五ヶ月後の十二月九日、河内源氏の源義朝と結んで、院御所三条殿《さんじょうどの》を急襲するという大事件を引き起こす。三条殿には後白河側近の筆頭格である、あの信西入道がいた。信西は脱出に成功したものの、追い詰められてあえなく自害し、信頼は後白河・二条を幽閉して政権を手中にしたのである。

しかしながら、信頼の政権は長くは続かなかった。もともと信頼ら院近臣は二条天皇側近との折り合いが悪く、挙兵時、熊野詣《くまのもうで》に出かけて京都を不在にしていた平清盛が帰京すると、天皇側近たちは政権から距離をとって清盛に接近し、天皇・院を信頼のもとから清盛の六波羅第《ろくはらてい》に脱出させた。天皇・院を失ったことに気付いた信頼は、再び義朝と組んで挙兵したが、平氏勢を中心とする官軍の前にあえなく敗北。信頼は捕らえられ、六条河原で首をはねられたのである。

『愚管抄』（巻第五）によれば、このとき、信頼と縁戚関係にあった忠通や基実は、信頼に近いと思われ、警戒されたという。信頼と縁を結んだことは、結果的に忠通にとって自分の首を絞める結果になったといえるだろう。しかし、二条天皇が清盛の六波羅第に行幸すると、忠通・基実もここに駆けつけ、清盛も彼らを「参ラセ給《たま》ヒタランハ神妙」といって喜んで迎え入れた。ここに摂関家は信頼との関係を不問に付され、かろうじて窮地を逃れることができた。

長兄・基実と次兄・基房の対立

応保《おうほう》二年（一一六二）六月八日、忠通は法性寺で出家し、三年後の長寛《ちょうかん》二年（一一六四）二月十九日、六十八歳で波乱の生涯を閉じた。ときに兼実十六歳であった。兼実はのち、儀式作法において「只先閤《ただせんこう》（忠通）の遺訓《いくん》を仰ぐのみ」と述べており（承安四年〈一一七四〉十二月一日条）、忠通の教えを絶対としていたことがわかる。彼は四年前に公卿となっているが、この時期の貴族社会では、父が息子に儀式の作法を教えるため、儀式の会場まで出向いて手取り足取り教えるという場合さえあったから、儀式で責任ある所役をつとめようとする矢先の父の死は、兼実にとって手痛いものだったはずである。

一方、忠通が没したことで、摂関家では関白基実が名実ともに家長の地位を手に入れた。前述のように、摂関家は平治の乱では信頼と縁戚関係にあったことで危機に瀕《ひん》したが、応保元年、二条天皇と対立した後白河が院政を停止され、二条が親政を開始すると、二条は忠通の娘育子を中宮とするなど摂関家を頼り、摂関家は再び政策決定に深く関与するようになっていた。『百練抄《ひゃくれんしょう》』という歴史書には、二条が政務について後白河には相談せず、関白基実にだけ相談しておこなったと見え、二条が基実を深く信頼していたことがうかがえる。

ただ、基実には目障りな存在がいた。異母弟の基房である。兼実は、基実が基房に対して「宿意《しゅくい》」（恨み）を持っていたと述べている（承安二年十二月二十日条）。基実は基房に対して良い感情を抱いていなかったのである。では、これはなぜか。これについて兼実は何も記していないが、おそらく理由は摂関家の家督継承に関わる問題だろう。というのも、前述のように、基房は元服後、摂関家嫡の昇進コースを辿《たど》ってスピード昇進を遂げていた。これは、基房がゆくゆくは摂関になるということを世間に示すものだからである。

基房は永暦《えいりゃく》元年（一一六〇）八月十一日には十七歳で内大臣となり、同

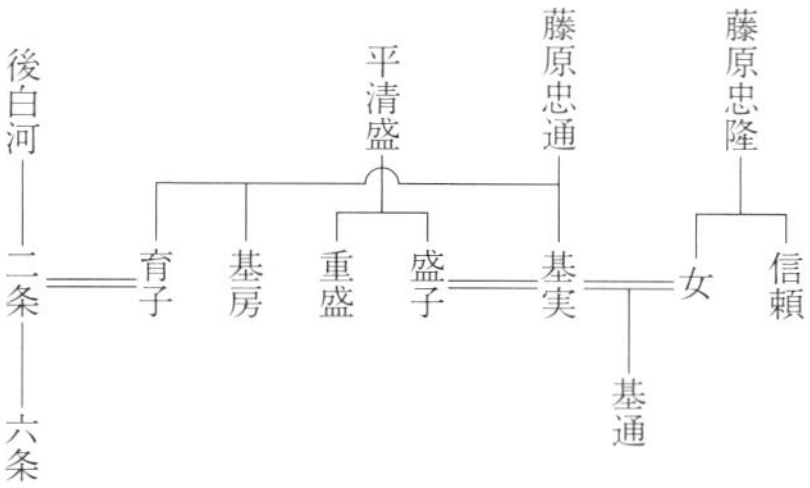

系図6　藤原基実関係系図

松殿基房　「天子摂関御影」　宮内庁三の丸尚蔵館蔵

十四日には基実がなれなかった左近衛大将の地位にも任じられた。そして、応保元年九月十三日、右大臣に任じられると、父忠通の死の直後である長寛二年閏《うるう》十月二十三日には左大臣となった。これによって、基房は基実の次席にまで迫ってきていたのである。

『今鏡《いまかがみ》』（ふじなみの中）には、基房について「御身《おんみ》の才も、幼くよりすぐれておはしますとて、内宴《ないえん》の詩なども兄をさし措《お》き奉《たてまつ》りてその筵《むしろ》にまじはらせ給《たま》ひき」と見える。基房は幼少時から才能があり、正月に天皇が文人を召して催される内宴でも、兄を差し置いて基房が詩を献ずるほどであったというのである。一方の基実はといえば、近衛大将になれてもいなければ、平治の乱の首謀者である信頼とも縁続きである。こういったことから考えれば、忠通が欠点の多い基実に代えて、才能のある基房を次の関白にしようとしていたと考えても不思議ではあるまい。

しかし、だとすると、基実は基房に関白の座を明け渡さねばならない。基実には信頼の妹との間に嫡子基通《もとみち》が生まれていたが、このままでは彼はやがて傍流に転落することになる。してみれば、基実は、保元の乱前の忠通と同じような立場に立たされていたことに気付かれるだろう。

こうした中、基実は長寛二年四月、信頼の妹と離縁して、平清盛の娘盛子を新たな正妻として迎えた。清盛は、平治の乱で源義朝が滅んだことによって国家の軍事・警察権を独占し、永暦元年には軍事貴族として異例の公卿昇進を果たしていた。この平氏との縁組みについては、保元の乱によって失った荘園管理のための武力を補うためであったという理解があるが、右に見たような基実の置かれた立場をふまえるならば、盛子との結婚は忠通の死の直後でもあり、基房への対抗策であったと見るのが妥当であろう。先の信頼同様、摂関家と結びついたことで平氏は伝統的な権威を獲得し、清盛は永万《えいまん》元年（一一六五）八月、権大納言まで昇進したのである。また、清盛の妻時子は二条の乳母にもなっていたから、清盛と基実の結合は二条にとっても政権基盤の強化につながり、歓迎されるものであった。

しかしながら、このあと事態は暗転する。永万元年六月、清盛と基実が協調して補佐してきた二条天皇が病のために退位し、翌月死去した。基実は二条の皇子である六条天皇の摂政となって天皇を支えたが、翌永万二年七月十九日より基実も赤痢《せきり》を煩い、十日後の二十九日、あっけなく死去してしまったのである。二十四歳という若さであった。このとき、嫡子基通はまだ七歳にすぎず、ここに次の摂関と目されていた基房が後任の摂政となった。基実から見れば最悪の展開である。

ところが、ここで基房は摂政になったものの、摂関家に代々相続されてきた荘園や邸宅、日記や文書といった家産のほとんどを相続することを認められなかった。基房に認められたのは、藤氏長者の

平等院鳳凰堂　京都府宇治市

地位に付属するわずかの所領と法成寺《ほうじょうじ》・平等院《びょうどういん》といった御堂流の寺院のみで、残りの家産は基実の後家である盛子に相続されたのである。

　このことは、盛子が清盛の娘であるために、従来、平氏による摂関家領の押領（横領）と理解されてきた。たしかに盛子の家産相続については、兼実も「異姓の身を以て藤氏の家を伝領す」と批判的に記している（治承三年〈一一七九〉六月十八日条）。だが、鎌倉時代中期、摂関家領の伝領についてまとめた「近衛家所領目録」（近衛家文書）の「庄々相承次《しょうしょうそうしょうし》第《だい》」には、盛子について「普賢寺殿《ふげんじどの》（基通）幼少の間、暫《しば》し沙汰有り」とある。彼女はあくまで基通が成長するまでの中継ぎと認識されていたことに注意すべきだろう。

　そもそも、慈円の『愚管抄』（巻第五）によれば、盛子への相続については、もと忠通・基実の側近で、永万二年正月には参議まで昇進していた藤原邦綱の働きかけがあったとされており、基実と基房の対立という構図の中にあって、基実周辺の意志が強く働いたと見るべきである。基房が摂政になったとしても、摂関の職務に必要な家産が基通にある限り、その次の摂関は基通と目されることになる。これによって、基実周辺は基実の遺志を汲《く》み、摂関家嫡流の継承から基房を排除することに成功したといえるのである。

しかし、ここで面白くないのは基房である。基房は摂政になったものの、家産が盛子のもとにあるままでは子孫に摂関職を継承していくことができず、子孫は傍流となってしまう。そこで、かれはこのあと、父忠通がそうしたように、さまざまな策謀をこらして巻き返しを図っていく。これについてはまた第二部でくわしく述べることにしよう。

第三章　破格の昇進と皇嘉門院

スピード出世の謎

保元三年（一一五八）正月二十九日、元服と同時に正五位下に叙され、貴族の仲間入りをした兼実は、同年三月十三日、左近衛少将に任じられると、翌四月二日には左近衛中将に転任した。近衛府の少将・中将を経る昇進コースは上流貴族に特有の昇進コースだが、前章でも見たように、その中でも五位中将は摂関家家嫡を象徴する地位であった。兼実は兄基房と同じく、元服直後にすんなりと五位中将になったのである。

さらに、位階も同年十月二十一日に従四位下《じゅしいのげ》、翌年正月三日に従四位上《じゅしいのじょう》、四月六日に正四位下《しょうしいのげ》に昇り、次の永暦元年（一一六〇）二月二十八日には従三位に叙されて公卿となった。十二歳での公卿昇進は父忠通や次兄基房より二歳も早く、破格のスピード出世である。そして、同年八月十一日には忠通や基房がそうであったように、参議を飛ばして権中納言に任じられる。中納言中将はやはり、摂関家家嫡を象徴する地位であった。

その後、応保元年（一一六一）八月十九日には右近衛大将、同年九月十三日には権大納言となり、忠通が没した長寛二年（一一六四）の閏十月二十三日、長兄基実が左大臣を辞任した代わりとして内《ない》大臣《だいじん》に任じられた。兼実は十六歳にして、大臣の重責を担うことになったのである。翌年二月、太政大臣藤原伊通《これみち》（頼宗流）が辞任すると、公卿の序列は関白基実、左大臣基房、右大臣藤原経宗《つねむね》、内大臣兼実の順となり、摂関家傍流出身である経宗を除き、朝廷のトップは摂関家の三兄弟で占められた。この体制は永万二年（一一六六）七月、摂政基実が没したため一年余りしか持たなかったが、後任の摂政となった基房は同年十一月四日に左大臣を辞任したので、右大臣経宗が左大臣に繰り上がり、兼実はさらに右大臣まで昇進した。

九条兼実　「天子摂関御影」　宮内庁三の丸尚蔵館蔵

ところで、前章では基房が摂関家家嫡の昇進コースで昇進していたことから、忠通が欠点の多い基実に代えて基房を摂関にすることを考えていたのではないかと指摘した。だとすると、同様の昇進コースを歩んだ兼実の位置づけはどうだったのだろう。そもそも兼実の母は家女房で、忠通の母方親族であった基実・基房の妻より出自が劣る。しかも、兼実の同母弟である兼房の場合、内大臣になったのは建久元年（一一九〇）、三十八歳のときであり、それより二十歳以上早い兼実の任内大臣は明らかに異常といえる。なぜ彼は身分の低い母を持ち、しかも三男でありながら摂関家嫡並みの昇進ができたのだろう。

これまでの研究では、実は兼実も摂関家の後継者だったとの説が出されている。その中でもとくに説得力があるのが、女院《にょいん》領の伝領に着目した野村育世氏の説である。女院とは、皇后・中宮や内親王が院号を宣下されて上皇と同様の待遇を得たもので、とくに院政期の女院は、相続などによって膨大な荘園を保持することが多かった。

摂関家でも、忠通の妹である高陽院《かやのいん》泰子、兼実の異母姉である皇嘉門院聖子がそれぞれ女院となり、膨大な女院領を保持していたが、高陽院は基実を、皇嘉門院は兼実を猶子《ゆうし》（養子）としており、女院領は猶子関係を通して彼ら二人に相続された。野村氏はこのことから、兼実も基実と並ぶ嫡子格の存在であり、忠通は最初から摂関家を二つに分けようとしていた、と論じたのである。

しかし、この説には問題がある。高陽院が基実を猶子にしたのは康治三年（一一四四）のことであり、この段階では忠通の嫡子はあくまで異母弟の頼長だったのである。嫡子が女院の猶子になるのだとするならば、基実が高陽院の猶子になることを高陽院の父でもある忠実が認めるはずがあるまい。女院の猶子と摂関家の嫡子とは関係ないと見るのが妥当だろう。

ただ、注意したいのは、女院の猶子と昇進との関係である。兼実の子息三人は女院の猶子になっているが、実は彼らも兼実同様、摂関家嫡を象徴する五位中将や近衛大将の地位に昇進しているの

	五位中将	中納言中将	近衛大将	猶子とした女院	典拠
良通	治承2年(1178) 11月15日	—	治承3年(1179) 11月20日	皇嘉門院	『玉葉』承安5年 (1175)3月6日条
良経	寿永元年(1182) 11月17日	文治5年(1189) 閏4月8日	文治5年(1189) 12月30日	高松院 (鳥羽院皇女)	『玉葉』安元2年 (1176)3月10日条
良輔	建久6年(1195) 2月2日	建仁3年(1203) 正月13日	—	八条院 (鳥羽院皇女)	『玉葉』文治2年 (1186)2月4日条

※任官･叙位の年月日はすべて『公卿補任』による。

表1　兼実子息の昇進と女院

である（表1）。そのうえ、このうち良通が右近衛大将になったのは治承三年（一一七九）、良経が五位中将になったのは寿永元年（一一八二）で、兼実がまだ右大臣の頃である。摂関の子息でさえない者がこうした地位に就くのは、通常では理解できない。

一方、承安五年（一一七五）、良通の元服に当たり、皇嘉門院は兼実に対して興味深い発言をしていた。前述のように、元服に当たり、現職摂関の子息は特別に正五位下に叙されるのがきまりであったが、良通の場合、父兼実は当時右大臣だったので、従五位下にしかなれないはずであった。ところが、これに対して皇嘉門院は、「良通は専ら私の嫡子であって、お前（兼実）の子息ではない。したがって、正五位下に叙されるように申請しなさい」と言ったのである（三月六日条）。

このときは兼実が遠慮して結局従五位下になったが、皇嘉門院は自分の猶子が現職摂関の子息と同等に扱われるものと理解していたことになるだろう。このことは、摂関家の嫡子になることとは別に、女院の猶子と摂関家家嫡並みの昇進には、やはり何らかの関係があったことを示している。

皇嘉門院に寵愛される

では、なぜ女院の猶子は摂関家嫡並みの昇進ができたのだろう。そこで、ここでは皇嘉門院と兼実の関係について見ておきたい。

皇嘉門院は、忠通と正妻宗子との間に生まれた一人娘で、大治五年（一一三〇）、崇徳天皇の中宮となり、永治元年（一一四一）、崇徳の異母弟近衛天皇が即位すると、養母として皇太后となり、近衛を後見した。そして久安六年（一一五〇）、皇嘉門院の院号を宣下されて女院となったのである。前述のように、彼女は多くの荘園を保有する一大荘園領主であった。正妻宗子の生んだ子としては唯一成人した聖子に対する両親の愛情は並々ならず、彼女には宗子が久安四年（一一四八）、忠通の邸宅のある法性寺に建立した最勝金剛院とその所領をはじめとして、多くの財産が譲られていた。

兼実が皇嘉門院の猶子として確認されるのは、保元元年正月四日の参内に当たってである（『兵範記』）。これは、前述のように兼実の初見史料なので、兼実は早い段階で猶子関係を結んだと考えるべきだろう。加納重文氏は、兼実が皇嘉門院の乳母である御匣殿《みくしげどの》（平繁賢女《しげかたむすめ》）に幼少より奉仕されたとされることから、皇嘉門院周辺で養育されたかと推測しているが、従うべきである。先述のように、兼実実母の加賀局も皇嘉門院の母宗子に仕える女房であったと考えられるから、猶子関係も宗子との関係を通して結ばれたのだろう。

そして、成長してからも、兼実と皇嘉門院の密接な関係は変わらなかった。まず、兼実の邸宅は九条富小路にあり、皇嘉門院の九条殿の東隣に当たっていた。九条富小路殿については、兼実の正妻兼子（後述）が母から相続したものとの説もあるが、この場所は、そもそも皇嘉門院領東九条庄《ひがしくじょうのしょう》の範囲に含まれていた。いずれにしろ、女院御所の隣に邸を構えることで、兼実は頻繁に女院のもとに出入りしたし、女院もしばしば兼実邸を来訪したのである。

また、摂関家の子弟は元服、叙爵とともに政所・侍所などの家政機関が開設され、その職員（家司・

図１　皇嘉門院御所周辺

職事）が任じられたが、兼実の場合、家政職員の多くは皇嘉門院の院司《いんし》を兼任する者であった。野村育世氏によれば、皇嘉門院の院司は「親子・兄弟・オジオイ・従兄弟などの家族・親族ぐるみで出仕」する者が多く、これらの一族は兼実の家司の一族とも重複していたという。

皇嘉門院院司の一族としては、醍醐《だいご》源氏・源季兼《すえかね》の一族や日野《ひの》流《りゅう》藤原氏、善勝寺《ぜんしょうじ》流・藤原顕輔《あきすけ》の一族などがあるが、季兼一族や日野流はこのあと九条家の家司として代々兼実の子孫に仕えていくし、顕輔一族の藤原基輔《もとすけ》について、兼実は「幼稚の昔より壮齢《そうれい》の今に至るまで、専《もっぱ》ら（自分の）家中で育ち、何もかもすべて自分の命

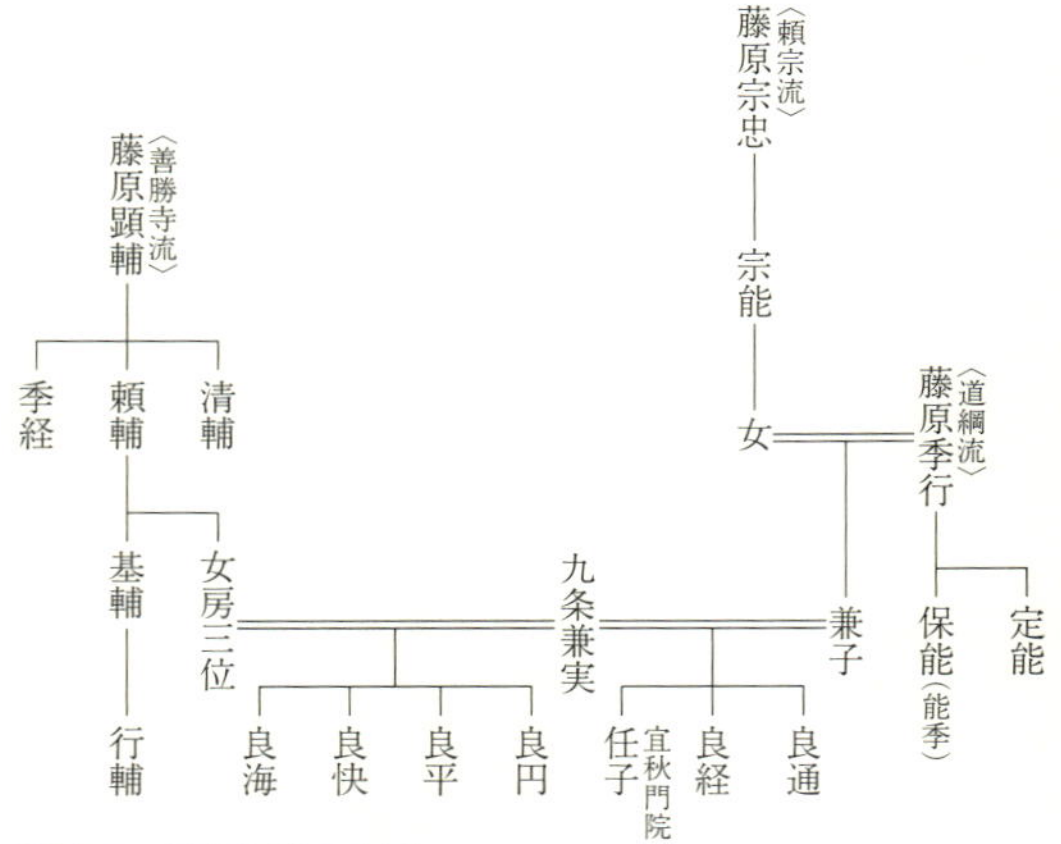

系図7　兼実と妻の家系

に背くことがなかった」と述べている（元暦二年〈一一八五〉六月三日条）。また、兼実が摂政に就任した際には政所執《しつ》事《じ》となって兼実を助けた藤原光長《みつなが》（勧修寺流《かじゅうじりゅう》）も、皇嘉門院の乳母御匣殿によって幼少から養育された人物で（『兵範記』承安元年〈一一七一〉七月二十日条）、この子孫（海住《うず》山《やま》家）も兼実以降、代々家司として九条家に奉仕していく。

永暦二年（一一六一）正月二十九日、兼実は藤原季行《すえゆき》（道長の異母兄道綱《みちつな》の子孫）の娘兼子と結婚し（宮内庁書陵部所蔵『胡曹抄』所引「忠順記《ただよりき》」）、良通・良経・任子の三子を儲けたが、実は兼子の兄弟である保能《やすよし》（能季《よしすえ》）は皇嘉門院殿上人、妻の母方の祖父で結婚に当たって妻の養父となった藤原宗能《むねよし》も、聖子が皇太后だったときの皇太后宮大夫《こうたいごうぐうだいぶ》であった。兼実の結婚についても、皇嘉門院の人脈で進められていたことが明らかだろう。なお、兼実は兼子のほか、女房三位と称される女性も寵愛し、その間に良円《りょうえん》・良平《よしひら》・良快《りょうかい》・良海《りょうかい》を儲けたが、彼女も皇嘉門院の院司である藤原頼輔《よりすけ》の娘であった（頼輔は基輔の父でもある）。

治承四年（一一八〇）五月、皇嘉門院は処分状を認《したた》めて、最勝金剛院領をはじめとする財産のほ

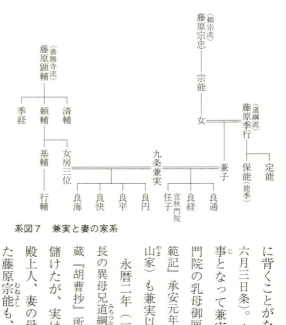

とんどを良通に譲り、兼実の生前は兼実が沙汰するように定めた（皇嘉門院惣処分状）。これについて、前述のように、野村氏は兼実が摂関家の嫡子だから財産を譲られたと理解したのだが、以上のように兼実が幼少時から皇嘉門院のもとで養育され、女院の人脈の中で成長、結婚して子どもまで儲けていたとすれば、彼が財産を相続したのは、単に摂関家の嫡子だったからではないだろう。すでに見たように、兼実の長男良通について、皇嘉門院は「私の嫡子」であり、兼実の子ではないと述べていた。兼実や良通は、摂関家の男子であるという以前に、皇嘉門院に取り込まれた存在であり、女院の跡継ぎとして育てられていた。だからこそ、兼実は皇嘉門院の財産を譲られたのである。

では、女院の跡継ぎとは、何をおこなうのか。近年の研究では、女院について、父祖の菩提《ぼだい》を弔《とむら》う仏事の主催者としての側面が重視されるようになってきた。皇嘉門院の場合も最勝金剛院などの仏堂において、父母の菩提を弔う仏事を主催しており、その跡継ぎとは、このような仏事を伝える存在と考えるのが妥当だろう。しかも、これは単に仏事だけの問題ではない。仏事をおこなうためには、それに奉仕する院司たちや、その財源となる荘園が必要で、女院の跡継ぎは、こうした経営も維持していかなければならないのである。

だとすれば、ここでとくに問題となるのが荘園の支配だろう。この頃、荘園は摂関家領であってもしばしば国司に収公されるなどして不知行化した。また、朝廷によって所役が免除されていても、政権と領主との関係によっては所役が課されることもあった。このような事態を止めさせるためには、

所領名	所在国	付属	伝領者	現在地
曽東庄（そつか）	山城	最勝金剛院	良通	滋賀県大津市
久世庄（くせ）	山城	最勝金剛院	良通	京都府城陽市
大内西庄（おほうちのにし）	伊賀	最勝金剛院	良通	三重県伊賀市
大内東庄（ひんかし）	伊賀	最勝金剛院	良通	三重県伊賀市
浅宇田庄（あさうた）	伊賀	最勝金剛院	良通	三重県伊賀市
音波庄（をとは）	伊賀	最勝金剛院	良通	三重県伊賀市
三津御厨（みつのミくりや）	伊豆	最勝金剛院	良通	静岡県沼津市
井田庄（井た）	伊豆	最勝金剛院	良通	静岡県沼津市
屋代庄（やしろ）	周防	最勝金剛院	良通	山口県大島郡周防大島町
坪生庄（つほう）	備後	最勝金剛院	良通	広島県福山市
臼杵戸次庄（うすきへつき）	豊後	最勝金剛院	良通	大分県大分市
太田庄（おほた）	肥前	最勝金剛院	良通	佐賀県武雄市
大泉庄（おほいつみ）	和泉	最勝金剛院	良通	大阪府和泉市
生嶋庄（ゆかしま）	摂津	最勝金剛院	良通	兵庫県尼崎市
高平庄（たかひら）	摂津	最勝金剛院	良通	兵庫県三田市
倉垣庄（くらかき）	摂津	最勝金剛院	良通	大阪府豊能郡能勢町
杜庄（もり）	尾張		良通	愛知県あま市
吉良庄（き良）	三河	最勝金剛院	良通	愛知県西尾市
船木田本庄（ふなきた本）	武蔵	最勝金剛院	良通	東京都八王子市
船木田新庄	武蔵		良通	東京都八王子市
稲毛庄（いなけ本）	武蔵		良通	東京都稲城市
稲毛新庄	武蔵		良通	東京都稲城市
三崎庄（みさき）	下総		良通	千葉県銚子市
小鶴北庄（こつるきた）	常陸		良通	茨城県東茨城郡茨城町
小鶴南庄（みなミ）	常陸		良通	茨城県東茨城郡茨城町
宇多勅旨（うたのちよくし）	美濃		良通	岐阜県揖斐郡大野町
衣斐庄（えひ）	美濃		良通	岐阜県揖斐郡大野町
石田庄（いはた）	美濃		良通	岐阜県揖斐郡大野町
立石本庄（たていし本）	若狭		良通	福井県大飯郡高浜町
立石新庄	若狭		良通	福井県大飯郡高浜町
若山庄（わか山）	能登		良通	石川県珠洲市
白河庄（しらかハ）	越後		良通	新潟県阿賀野市
小幡余田（をはたのよてん）	丹波		良通	京都府綾部市
賀舎庄（かやの山うち・さと）	丹波	最勝金剛院	良通	京都府亀岡市
立脇御紙田（こしてむ・たち）	但馬		良通	兵庫県朝来市
林木庄（はやしき）	出雲		良通	島根県出雲市
大宅庄（おほへ）	石見		良通	島根県大田市
しもつの	紀伊		良通	和歌山県海南市？
河輪田庄（かわゝた）	阿波		良通	徳島県吉野川市
津守庄（つもり）	豊後		良通	大分県大分市
与賀庄（よか）	肥前		良通	佐賀県佐賀市
東九条（ひんかし九条）	山城		良通	京都市南区

いはくら	山城？		良通	京都市左京区？
上立衣（かみゝち）	但馬		兼房	不明
益田庄（ますた）	石見		兼房	島根県益田市
通半庄（かよう）	備前		信円	不明
今泉庄（いまいつみ）	越前		信円	福井県福井市
木嶋庄	和泉		（停廃）	大阪府貝塚市
宇部庄	摂津		（停廃）	不明
松葉庄	尾張		（停廃）	愛知県海部郡大治町
茜西庄	下総		（停廃）	不明
小野庄	丹波		（停廃）	兵庫県篠山市
賀東庄	播磨		（停廃）	不明
長田庄	備前		（停廃）	岡山県加賀郡吉備中央町
新田庄	備前		（停廃）	岡山県備前市
福岡庄	備前		（停廃）	岡山県瀬戸内市
御調庄	備後		（停廃）	広島県尾道市
榎並	摂津		（近衛家）	大阪市旭区
伊比	美濃		（近衛家）	岐阜県揖斐郡揖斐川町
栗摩	伊勢		（近衛家）	三重県津市

※荘園名は皇嘉門院惣処分状の順に並べ、兼実処分状・道家惣処分状により仮名を漢字に改めた（カッコの中はもとの表記）。また、承安五年庄々目録や兼実処分状に基づき、記載を追加した

表２　皇嘉門院領一覧

跡継ぎにも女院と同等の権威や政治力が必要なのである。ここから考えれば、女院の猶子が摂関家の嫡子でなくともそれと同等の破格な昇進をしたのはこのためだろう。皇嘉門院は、兼実や良通に摂関家家嫡並みの昇進をさせ、高位に昇らせることで、自身の死後も、院司集団とともに、最勝金剛院での仏事が維持されることを図ったものと考えられるのである。

基実・基房との関係

では一方、摂関家の中における兼実の位置づけはどうだったのか。次に、二人の異母兄との関係を見ていきたい。

前述したように、基実と基房の関係は険悪《けんあく》であったが、その中にあって、兼実はどちらかというと基実に近い立場にあった。実は、兼実は保元の乱直前

の保元元年（一一五六）六月二十一日、基実と猶子関係を結んでいたのである（『兵範記』）。その関係は皇嘉門院の場合とは異なり、あくまで形式的なものであったと見られるが、それでも兼実は、のちに基実について「深恩《しんおん》」があったと述べているし（嘉応《かおう》二年〈一一七〇〉四月二十三日条）、兼実の内大臣任官が、左大臣を辞任した基実の譲りによるものであったように、兼実に対して基実が配慮していた様子が見受けられる。

このように見てくると、兼実のスピード昇進の裏には、皇嘉門院の猶子であったことに加え、基実という後ろ盾の存在もあったに違いない。基実にとっても、基房との対立の中で、兼実を昇進させることは、彼を自陣営に引き入れるとともに、基房を牽制《けんせい》する意図があったといえる。兄弟三人が大臣になったことは、一見、この時期の摂関家の繁栄を象徴するようだが、実際にはこの裏には摂関家内部での火花を散らす確執が隠されていたのである。

だが、こうした中で、兼実が頼りにした基実が急死する。するとこの後、兼実は一転して次兄基房との距離を縮めていったようである。近年紹介された、宮内庁書陵部所蔵『大嘗会《だいじょうえ》叙位除目等雑注《ざっちゅう》文《もん》〈諸公事口伝故実相承事《しょくじくでんこじつそうしょうのこと》〉』には、兼実が十六歳で父忠通と死別したものの、彼は忠通の生前、親しく儀式作法を習っていたとし、また、基房を「師」として、彼からも詳しい作法を学んだと記されている。これは、鎌倉時代の九条家で作成された史料で、右の記述は、当時、「有職《ゆうそく》」の権威として知られていた基房と兼実の関係を強調し、それによって九条家の摂関家としての正統性を誇示する意図もあって記されたもののようである。

だが、実際、忠通・基実を失った兼実にとって、基房が頼れる存在だったのは間違いない。基房は忠通から自筆の日記を譲り受けており、兼実はそれをしばしば借用して書写している〈嘉応二年二月十七日条・安元《あんげん》三年〈一一七七〉三月九日条〉。また、儀式作法や服装等の故実について、疑問があるときには基房に問い合わせ、回答を日記に詳細に書き留めている。基房は兼実より五歳年長にすぎないが、父忠通からも認められた彼は、兼実にとって朝廷儀礼の先達として従うべき存在だった。加えて、兼実と一体的な関係にある皇嘉門院の経営においても、側近や近親者に特定の官位を与えるよう申請できる御給の権利は基房が握っており、その影響力は大きかったのである。

日記『玉葉』を書き始めた理由

では、基実や基房は兼実をどのように扱っていたのだろう。

皇嘉門院は、ともすれば兼実を将来的には摂関にする思惑もあったのではないかと思われるが、基実・基房にはそれぞれ子息も存在したから、兼実を摂関家の後継者にしようとは塵《ちり》ほども考えていなかっただろう。のちの話ではあるが、兼実が摂関候補として浮上した際、基房は「家嫡でなくても二男までは摂関になったことがあるが、三男までが摂関になったという例はない。世間では兼実が摂関にふさわしいと言われているが、これはたいへん不当なことだ」と述べている〈寿永二年〈一一八三〉

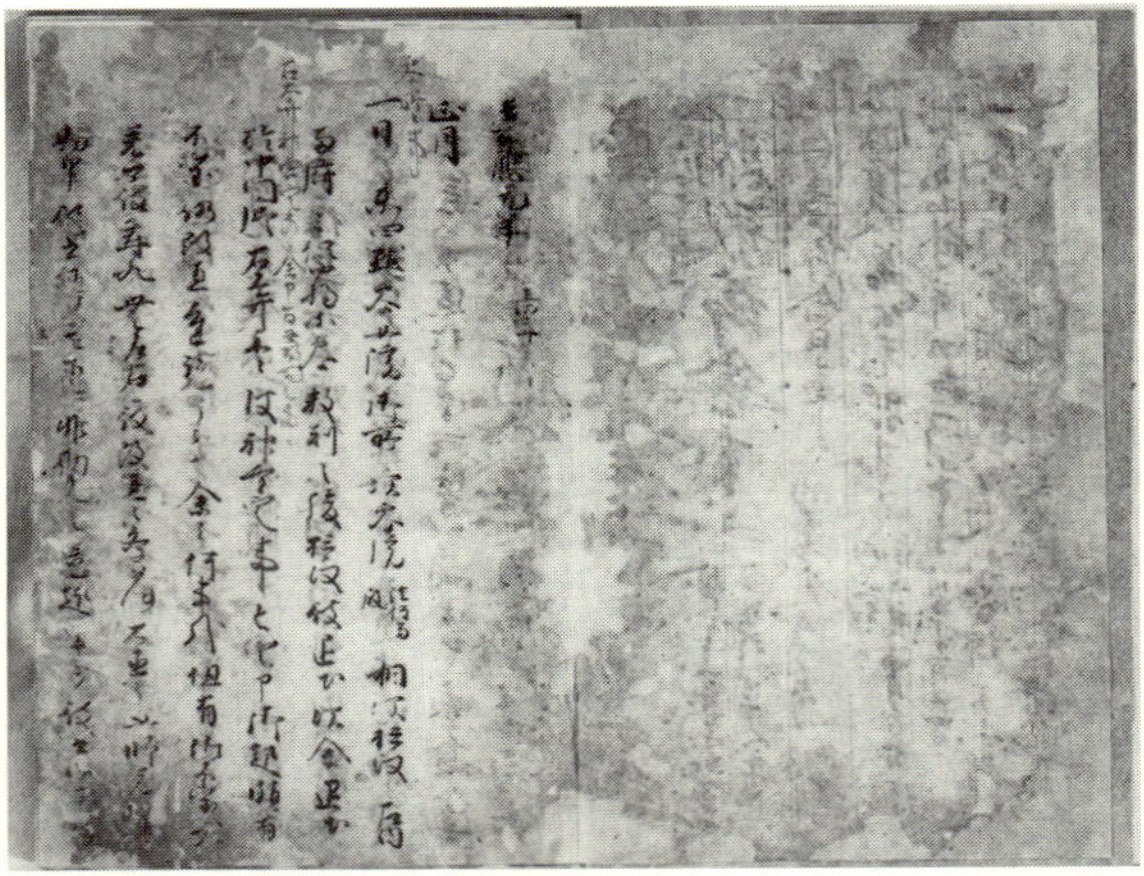

『玉葉』（九条本）冒頭部分　嘉応元年（1169）正月記　宮内庁書陵部蔵

九月六日条）。また、『今鏡』（ふじなみの中）にも、「一の人《ひと》の御子《みこ》なりとも、大臣にこそならせ給ふとも、必ずしも家の跡継がせ給ふ事かたき」とある。摂関の子どもで大臣になったとしても、だからといって後継ぎとなるのは難しいというのである。これが当時一般の認識だろう。

それでは、後継者として扱われていないのであれば、兼実の摂関家における役割は何だったのか。そこで注目したいのが、日記『玉葉』の起筆時期である。『玉葉』は長寛二年（一一六四）閏十月十七日、兼実が大臣に任じられる直前から書き始められているが、高橋秀樹氏はこのことに注目して、『玉葉』とは「摂政・関白の日記というよりも、上卿《しょうけい》を勤める大臣の日記であるというのが、その本質」だったとされている。上卿とは、朝廷儀式の責任者として一切を取り仕切る役職で、重要な儀式の上卿は大臣が勤めることが多かったのである。これに従えば、兼実に期待された役割とは、摂関である基実・基房の下、上卿として儀式を統括する点にあったといえるだろう。

上卿は、責任者として儀式の準備から片付けまでを統括したほか、その所作についても儀式ごとに細かな作法があった。そのため、上卿を勤めるためには前もってその儀式の作法を習得しなければならず、とくに重要な儀式の場合、上卿は作法に熟練していることが要求された。治承元年（一一七七）十一月六日、閑院流の大納言徳大寺実定《とくだいじさねさだ》は、官職を任命するという、諸儀式の中で最も重要な除目の上卿に当たる執筆《しゅひつ》を命じられたが、未経験であったため、せめて経験のある兼実に参仕するよう泣きついている。しかし、兼実は同年三月二十八日条の『玉葉』で「内弁《ないべん》・官奏《かんそう》・執筆」は故実を伝えられなければ勤めることができず、「家説《かせつ》更に口外能《こうがいあた》はず」と述べている。これらの重要な儀式の上卿は、父祖から「家説」を伝授されなければ勤めを果たすことができなかったのである。だからこそ兼実も、二人の兄を師範として作法を学び、それを書き残すために日記を書き始めたということになるだろう。

ただ、兼実の場合、大臣となったとはいっても、この時点ではまだ十六歳の青二才《あおにさい》である。兄二人の教えを受けたとはいえ、最初のうちはかなり苦労が続いたようである。仁安《にんあん》二年（一一六七）七月二十四日、十九歳で季御読経《きのみどきょう》の上卿を勤めた際には、予期せぬことが起こり、「未練《みれん》の間、仰天《ぎょうてん》の外《ほか》、他《ほか》無し」と記している。また、仁安四年、二十一歳のときの正月叙位でも、「自身作法尚《な》ほ以て暗然《あんぜん》」と記している（正月七日条）。作法がわからず、儀式の場で困り果てる場合もあったというのである。

しかし、年齢を重ねるにつれ、次第に彼も「有職《ゆうそく》」の公卿の一人として見なされるようになっていく。

これは少し後の話だが、安元二年（一一七六）正月十六日、二十八歳となった兼実は蔵人《くろうど》の平基親《もとちか》から、権大納言藤原隆季《たかすえ》（善勝寺流、成親《なりちか》の兄）が兼実について、「公事（朝廷儀礼）を練習し、作法神妙、止《や》ん事無し（格別である）」と語っていたと聞かされている。また、前述したように、除目の執筆は公事の大役とされていたのだが、のち治承三年には、兼実ばかりがこの役を勤めているといわれている（正月十六日条）。兼実は、名実ともに公事の第一人者となるのである。

ところで、仁安元年、十八歳で右大臣となった兼実は、その後文治《ぶんじ》二年（一一八六）、三十八歳まで二十年間、右大臣の職に留まり続けることになる。これは異例の長期在任であり、なおかつこの二十年は、政治の混乱が相次いだ時期に当たるから、このことは兼実の政務処理能力が高く評価されたことを物語るものだろう。

ただ、実はこの頃、藤原経宗も兼実と同じく二十年間、左大臣に在任し続けた。経宗は摂関家の傍流であり、保元の乱後、忠実に儀式作法を習いに行くなどの行動を取っていたことから、忠通によって摂関への野心を警戒されていた。兼実も経宗を蛇蝎《だかつ》の如く嫌っていたようで、「国の重臣」ではあるが、「智慮《ちりょ》の賤《いや》しき」人物などと酷評している（元暦元年〈一一八四〉八月十八日条）。このことから考えると、兼実を右大臣に留めるというのは、経宗への抑えの意味もあったのであろう。

第二部　平氏の栄華から内乱へ

第一章　後白河院政と清盛・基房

摂関家の実権を握ろうとする「大殿」清盛

永万《えいまん》二年（一一六六）七月、摂政《せっしょう》基実《もとざね》の急死により六条《ろくじょう》天皇が後ろ盾を失うと、二条《にじょう》天皇と対立し、院政を停止されていた後白河《ごしらかわ》院が復活する。後白河は同年十月、寵愛《ちょうあい》する平滋子の産んだ憲仁親王《のりひとしんのう》を皇太子とすると、仁安《にんあん》三年（一一六八）二月には高倉《たかくら》天皇として即位《そくい》させたのである。兼実は憲仁の皇太子傅《ふ》に任じられて、その教育に当たったが、即位以後も天皇の信頼は厚く、儀式作法等についてたびたび問われている。

一方、この頃、その勢力をますます上昇させていたのが平氏一門である。前述のように永万二年十一月、兼実は基房《もとふさ》の左大臣辞任により玉突きで右大臣に昇進したが、このとき兼実の後任の内大臣の座に着いたのが、平清盛《きよもり》であった。平氏一門や清盛については、一般に武士であるにも関わらず貴族の真似事《まねごと》をしていたなどといわれるが、清盛の一族は、清盛以前から朝廷に仕えて、代々五位の位階を帯していた。五位以上は貴族になるから、清盛の一族はれっきとした貴族の一員であり、近年の研究では、彼らのような武芸や軍事を専門とする貴族のことを、軍事貴族と呼んでいる。

ただし、ここで清盛が任じられた大臣は、道長《みちなが》の時代以来、摂関家《せっかんけ》を中心とした上流貴族の出身者が任じられるものであった。この時期、上流貴族とされたのは、摂関家とその傍流（頼宗《よりむね》流を含む）、道長の養子であった源師房《もろふさ》の子孫である村上源氏《むらかみげんじ》（堀河《ほりかわ》天皇の外戚《がいせき》）、道長の叔父公季《きんすえ》の子孫である閑院流《かんいんりゅう》（白河《しらかわ》・鳥羽《とば》院の外戚）くらいで、院政期以降も大臣はこれらの一族の出身者と、後三条《ごさんじょう》天皇の孫で、臣籍降下《しんせきこうか》した源有仁《ありひと》しか任じられていない。したがって、親の代まで五位程度の下流貴族であった清盛が大臣になったのは、きわめて異例のことであった（四～五位程度の下流貴族は「諸大夫《しょだいぶ》」と呼ばれた）。

平清盛　「天子摂関御影」　宮内庁三の丸尚蔵館蔵

では、清盛はなぜ大臣まで昇進できたのか。のちに清盛は安徳《あんとく》天皇の外戚になるが、それはまだ先のことである。清盛の異例の昇進については、白河院の落胤《らくいん》だったからという説がよく知られているが、その成否は決しがたく、ここでは摂関家との関係に注目しておきたい。先に見たように、清盛は娘盛子を基実の妻としており、基実が急死すると、その家産は盛子によって相続された。しかし、実はこれは単に家産だけの問題ではなかった。兼実によれば、基実の没後、後白河は「以後彼《か》の家、禅《ぜん》門《もん》（清盛）に属《ぞく》すべし」という院宣《いんぜん》を出していたという（治承《じしょう》三年〈一一七九〉六月十八日条）。清盛は後白河によって基実の家、つまり摂関家自体を支配することを認められていたようなのである。

では、摂関家の支配とは何か。それは、家長としてその実権をもつことだったと思われる。摂関である基房が存在するにもかかわらず、清盛が摂関家の家長となるというのは、理解しにくいかもしれないが、摂関家では道長以来、摂関とは別に、摂関を退任した前摂関が「大殿《おおとの》」と称して家の実権を持つことが多かった。要するに院政の摂関家版で、基実の没後、清盛は後白河の院宣によって、この「大殿」の地位に収まったと考えられるのである。

実際、このことを裏付けるのが、清盛の国政上の位置づけである。清盛は仁安二年二月十一日、太《だい》政大臣《じょうだいじん》に任じられたが、五月十七日には辞任し、さらに翌年二月十一日には病により出家した。一方で、清盛はその後も官職とは無関係に国政に介入し、「前大相国《さきのだいしょうこく》」とか「入道殿《にゅうどうどの》」「禅門」などと称されたのであるが、実はこれ以前、同様の立場にあったのが摂関家の「大殿」だった。忠実《ただざね》や忠《ただ》通《みち》は摂関退任後、「前大相国」とか「入道殿」「禅門」として、国政に介入していたのである。また、嘉応《かおう》二年（一一七〇）、清盛は後白河とともに東大寺《とうだいじ》で受戒《じゅかい》するのだが、これも鳥羽院とともに受戒した忠実の例にならっている。清盛は自身、「大殿」として忠実や忠通の位置を継ぐものと意識していたのである。

そして、ここから考えるなら、清盛が大臣まで昇進できたのも、やはりこうした「大殿」の地位にあったためということになるだろう。そもそも、摂関家に仕える家司《けいし》の多くは清盛と同じく諸大夫身分の者たちであった。その上に立つ「大殿」になったのであれば、清盛にも、それにふさわしい官位が必要であったはずである。

とはいえ、前摂関ではない清盛が家長として摂関家の実権を握るという体制は、きわめて不自然で不安定である。したがって、清盛もこれを克服しようとさまざまに画策したらしい。このことがうかがえるのが、仁安二年五月に起こった藤原師長《もろなが》と盛子との結婚騒動である。師長はあの頼長《よりなが》の三子の一人で、保元《ほうげん》の乱に連座して土佐《とさ》に流されたが、長寛《ちょうかん》二年（一一六四）、京都に召還《しょうかん》され、もとの官位に戻っていた。その師長が突如、妻である藤原光頼女《みつよりむすめ》の九条第《てい》からゆくえをくらましたのである。

兼実によれば、師長が向かったのは、清盛の弟である経盛《つねもり》の旧宅であった。また、突然の家出は清盛の娘と結婚するためで、その娘とは盛子か、というのだが（五月一日条）、これは事実だったと思われる。経盛の旧宅は白河にあり、実はその場所にはこの頃、盛子が自身の邸宅（白河押小路殿《おしこうじどの》）を建設中だったからである。おそらく清盛は、盛子を師長と結婚させたうえ、師長を摂関にして抱き込もうとしたのであろう。だが、これは結局うまくいかなかった。

そこで、清盛は次第に天皇家に近づいていく。まず仁安二年十一月、盛子が准三后《じゅさんごう》に宣下《せんげ》された。准三后とは、三后《さんごう》（太皇太后《たいこうたいごう》・皇太后・皇后）に准じる待遇を与えられることで、忠通の妻宗子が近衛《このえ》天皇の養母として准三后とされたのを前例として、盛子は皇太子憲仁の准母となり、准三后とされた

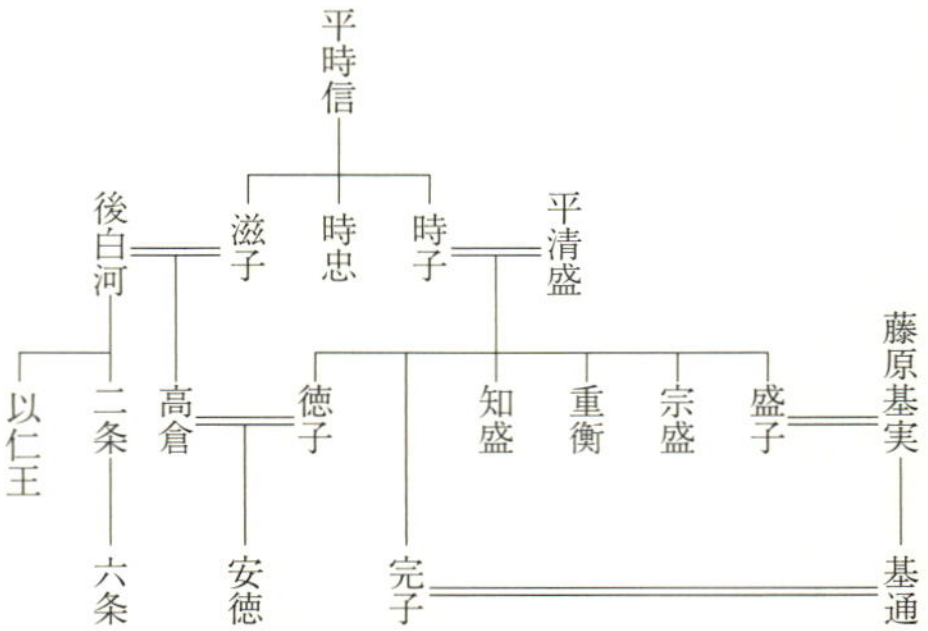

系図８　平氏・天皇家・摂関家関係系図

高倉天皇　「天子摂関御影」　宮内庁三の丸尚蔵館蔵

らしい。そもそも憲仁の母である平滋子（建春門院《けんしゅんもんいん》）は、清盛の妻時子の異母妹で、盛子には叔母にあたるのである。

さらに、憲仁が即位して高倉天皇となると、承安《じょうあん》元年（一一七一）十二月、盛子の妹である徳子が後白河院の養女として入内し、翌年、中宮となる。清盛は天皇家との結合によって、権力の不安定性を克服していったのである。清盛は武士のくせに摂関政治と同じことをしたといって、時代錯誤と評価されることがあるが、彼が摂関家の家長であったとすれば、娘を入内させて天皇の外戚になろうとするのは、至極自然なことだろう。

苦境に立たされた基房

一方、ここで苦境に立たされたのが基房である。彼は現職の摂関ではあるが、摂関家の家産を相続できなかったばかりか、その実権まで清盛に奪われてしまったのである。摂関家では毎年、始祖道長の命日を結願《けちがん》として、道長の創建した法成寺《ほうじょうじ》で盛大に道長の追善仏事がおこなわれた。これを御堂《みどう》御八講《ごはっこう》といい、基房によって主催されたが、仁安二年（一一六七）の御堂御八講の初日は、兼実以外、公卿《くぎょう》が誰も参加しなかった（十一月二十九日条）。また、翌年正月、同じく法成寺阿弥陀堂《あみだどう》の修正会《しゅしょうえ》では、基房・兼実のほか公卿が来なかったのみならず、行事の責任者である基房の家司・職事《しきじ》までが来なかった（仁安三年正月四日条）。これらは、基房の求心力低下を如実にあらわすものだろう。

こうした中で、基房と平氏の関係は緊迫したものになっていった。嘉応二年（一一七〇）七月三日、基房は白河の法勝寺《ほっしょうじ》に向かう途上、清盛の孫資盛《すけもり》の乗る女車《おんなぐるま》と遭遇した。ここで、基房に仕える舎人《とねり》や居飼《いかい》といった下級の家人《けにん》たちは、日ごろから平氏に怒りを感じていたためか、資盛の車を破壊したのである。これを殿下乗合《でんかのりあい》事件という。

この事件は、いったんは事件の拡大を心配した資盛の父重盛《しげもり》と基房の協議によって穏便に処理された。だが、資盛配下の武士たちの怒りはこれでは収まらなかった。同月十五日には、基房が外出しようとしたところ、途中で武士たちが群集して彼を待ち構えていることがわかり、基房は外出を取りやめた。そして、十月二十一日、高倉天皇の元服定《さだめ》のため、基房が大内裏《だいだいり》に向かったところ、途中で彼を多くの武士が取り囲み、前駈《さきがけ》の従者を馬から引きずり落としたのである。このことはまさに、平氏の前に関白の権威が地に墜ちたことを見せつけるものとなった。

ただ、このこともあったためか、この後、基房は急速に平氏一門に接近する。承安元年（一一七一）八月十日、基房は三条公教《きんのり》（閑院流）の娘と離縁して、前太政大臣花山院忠雅《かさのいんただまさ》の娘忠子を正妻に迎えた。忠雅は摂関家の傍流出身だが、嫡子《ちゃくし》兼雅《かねまさ》は清盛の娘を妻としており、親平氏と目《もく》されていたのである。そして、承安五年、長男隆忠《たかただ》が右近衛中将《うこのえのちゅうじょう》になったときには、その慶賀《けいが》のためにわざわざ右近衛大将だった重盛のもとに参らせている。兼実によれば、新任の中将が大将のもとに慶賀に参るというのは、必ずおこなうべきものではなく、「言語の及ぶ所に非《あら》ず」と批判している（四月二十三日条）。兼実には、平氏へのすり寄りに見えたのである。実は、承安三年には基房と盛子が結婚するという噂も立っているが、これもおそらく、右のような基房の平氏との融和を背景にしたものだろう（六月六日条）。

一方、兼実と基房との関係は、一応は良好な関係が保たれていたようである。基房が治承《じしょう》三年に失脚する直前まで、兼実に対する作法の教示は続いているし、安元三年（一一七七）、兼実は基房から、公卿を輩出しなくなった橘氏《たちばなし》の氏長者《うじのちょうじゃ》に代わり、橘氏の氏人《うじびと》の官位を推挙したり、氏社《うじしゃ》である梅《うめ》宮社《みやしゃ》などの運営に関与する是定《ぜじょう》の地位を譲られている（四月三日条）。

しかし、嘉応二年（一一七〇）、兼実の同母弟道円《どうえん》が死去した直後に宇治《うじ》で遊覧をおこなったように（九月十七日条）、基房は兄弟に冷淡な態度を取ることが目立ち、兼実は日記に不満を漏らすことも多かった。そして、承安四年十二月一日、初めて執筆《しゅひつ》を勤めた除目《じもく》では、兼実のたまっていたものが

梅宮大社　京都市右京区

ついに爆発した。この日、基房が儀式の途中で兼実に会釈《えしゃく》もなく退出したのである。兼実はこれについて、本来ならば、儀式の途中でも指導してくれて然るべきなのに、退出してしまったとして、「関白骨肉の儀《ぎ》を存ぜず」「素《もと》より彼《か》の人の教喩《きょうゆ》を思はず」と強い不満を示している（十二月一日条・同十五日条）。翌日には、基房から除目の作法が「甚《はなは》だ神妙」だったとの書状をもらったが、兼実はこれを信用できないと述べている。ここに至って、両者の関係には大きな溝が生じたといえよう。

しかも、この頃、基房は皇嘉門院《こうかもんいん》に働きかけて、良通《よしみち》に譲られることになっていた最勝金剛院《さいしょうこんごういん》領以下の所領を、自分に譲るように変更させている（皇嘉門院惣処分状）。良通への最初の処分は、嘉応二年四月十四日（建長《けんちょう》八年〈一二五六〉八月二十五日付九条家重書目録）なので、時期はこれ以降、基房が失脚する治承三年十一月までの間と見られる。『玉葉《ぎょくよう》』にこの件は見られないので、兼実の反応はわからないが、本来、皇嘉門院の後継者であるはずの兼実にとって、このことが不満でないわけがないだろう。この所領をめぐる問題は、皇嘉門院の没後、再び蒸し返されることになる。

後白河と清盛が決裂した安元三年の政変

ところで、高倉天皇の即位以降、平氏と後白河は協調的な関係を続けてきたが、両者の間をつなぎ、調整する役割を果たしてきた建春門院滋子が安元《あんげん》二年（一一七六）七月に没したことで、これ以降、政権は再び揺らぎ始める。

この年十月、陰陽師《おんみょうじ》安倍時晴《あべのときはる》は、兼実に内々に天文密奏《てんもんみっそう》（天変《てんぺん》が起こったことを天皇に報告するもの）の内容を知らせた。それによれば、時晴が観測した天変は、平治《へいじ》の乱のときに起こったのと似ており、天文博士は「必ず朝家《ちょうか》大事有るべし」と言っているという（十月七日条）。この予測は時代の空気を読んだものだったのか、まさに適中することになる。朝廷ではこの半年後、大事件が続発したのである。

まず安元三年四月十三日、比叡山延暦寺《ひえいざんえんりゃくじ》の衆徒《しゅと》が加賀守《かがのかみ》藤原師高《もろたか》の配流《はいる》を要求し、集団で入京して内裏《だいり》に押しかけた（これを強訴《ごうそ》という）。これは在京する師高に代わり、加賀に派遣されていた弟の師経《もろつね》が前年、延暦寺の支配下にある白山《はくさん》の所領を焼き討ちしたためである。武装する衆徒の内裏乱入を防ぐため、内裏の諸門に武士が派遣されたが、もみ合う中で平重盛配下の武士が放った矢が、衆徒の担ぐ日吉社《ひえしゃ》の神輿《みこし》や日吉社神人《じんにん》に当たってしまう。これを受け、後白河はやむなく衆徒の要求を受け入れ、師高を配流することに決定した。

続いて同月二十八日には、大火災があり、大極殿《だいごくでん》以下、平安京大内裏の諸殿《しょでん》や人家を焼き尽くした（安元の大火）。延焼したのは五条より北側で、九条富小路《とみのこうじ》の兼実邸は被害に遭わなかったが、基房

後白河法皇　「天子摂関御影」　宮内庁三の丸尚蔵館蔵

の錦小路《にしきこうじ》大宮第《おおみやてい》をはじめ、公卿十四人の邸宅が焼失し、日記や記録が多く失われた。また、兼実は、火災によって死人が京中に満ちていると記している（五月二日条）。平安京は、桓武《かんむ》天皇による遷都以来の惨禍《さんか》に見舞われたのである。

しかも、その後しばらく京中の各所で火災や強盗が相次いだ。五月一日には、中宮庁《ちゅうぐうちょう》に強盗が入り、「禁中《きんちゅう》騒動、上下周章《しゅうしょう》」という状況になった。京都での火災と治安悪化によって、朝廷や天皇の権威も深く傷ついたと言えよう。兼実は改めて「乱代《らんだい》」に生まれたことを実感し、前世の宿業《しゅくごう》と歎いている（五月一日条）。

こうした中で、延暦寺衆徒による強訴の問題が再燃する。五月五日、後白河は強訴の責任者として延暦寺トップである天台座主《てんだいざす》明雲《みょううん》を解任し、同月二十二日、明雲を伊豆《いず》に配流した。そもそも衆徒の要求によって流罪とされた藤原師高は、もともと信西《しんぜい》に仕えた従者ながら、信西没後、後白河の側近にまでのし上がった西光《さいこう》の息子であり、後白河は延暦寺衆徒の強訴を「謀叛《むほん》の儀に同じ」と断じていたのである（四月十七日条）。

ところが、明雲配流に対する延暦寺衆徒の反発は予想以上に大きく、同月二十三日、衆徒は伊豆に流される途中の明雲を近江国瀬田《おうみのくにせた》（滋賀県大津市）の辺りで奪い取り、比叡山に連れて行ってしまった。後白河はこれに激怒し、二十九日、清盛と対応を協議する。ここで、「大略《たいりゃく》東西の坂を堅《かた》め、台山《たいざん》（比叡山）を責《せ》むべきの議《ぎ》」が決まったのである。

しかし、兼実によれば、清盛は内心ではこのことを快く思っていなかったらしい（五月二十九日条）。この頃、平氏と延暦寺との関係は良好だったのである。窮した清盛はここで、延暦寺に対し強硬な主張をしていた院近臣《いんのきんしん》たちに矛先を向ける。六月一日、清盛は師高の父西光を八条の邸に呼び、拷問《ごうもん》したうえ、その首をはねた。また、権大納言《ごんのだいなごん》藤原成親《なりちか》（善勝寺流《ぜんしょうじりゅう》）や法勝寺執行《しぎょう》俊寛《しゅんかん》をはじめとする院近臣を捕まえて、流罪に処したのである。事件はすべて彼らのせいにされて、同月六日、明雲は召還された。

従来、西光や成親らの逮捕・処刑については、彼らが後白河とともに鹿ケ谷《ししがたに》にある俊寛の山荘でおこなった平氏打倒の謀議が露見したためと理解されたので、「鹿ケ谷事件」と称されてきた。だが、近年では、以上のような展開から、これは延暦寺に対する武力攻撃という後白河と院近臣の暴走を、清盛が介入して阻止した事件（安元三年の政変）として見直されている。

ただ、後白河による平氏打倒の陰謀があったかどうかはともかく、院近臣が処刑されたことで、後白河は深く傷つき、政権運営の主導権を失うことになった。むしろここに、後白河は清盛を恨むようになり、清盛との関係の決裂が明確になったのである。

基房を没落させた治承三年の政変

一方、ここで後白河に急接近したのが関白基房である。前述のように基房は、花山院忠雅の娘との結婚により、平氏へのすり寄りを見せていたが、平氏は基実の跡継ぎとしてその息子基通《もとみち》を抱えており、基房やその子どもたちが基通から摂関家嫡流の地位を奪い取れる見込みはなかった。しかし、後白河は清盛に摂関家の支配を認めた張本人である。しかも、後白河は安元三年の政変後、人事権まで失ったのだが、それはあくまで表向きの話で、近臣を昇進させるなど、後白河の人事への関与は相変わらず続いていた。ここに、基房は後白河と結んで嫡流奪取に動き始めたのである。

こうしたところ、治承三年（一一七九）六月十七日、基房にとって絶好のチャンスが到来した。清盛の娘で基実の未亡人だった平盛子が没したのである。ここで問題になるのは、その家産のゆくえである。盛子は基実の没後、摂関家の家産を相続したが、それはあくまで遺児基通への後見としてであり、盛子の後は基通によって伝領されると見られていた。ところが、後白河はここで基通の相続を認めず、家産を高倉天皇の管理下に置いた。しかも、盛子の蔵の預《あずかり》（管理人）に近臣の藤原兼盛《かねもり》を任命して、事実上、後白河が摂関家の家産を接収したのである。これはのちに後白河と基房の共謀とされているから、家産は高倉天皇を介して基房に伝えられることになっていたと見ていいだろう。

そのうえ、同年十月八日、この年三月二十三日に元服したばかりの基房の嫡子師家《もろいえ》（母は忠雅の娘）

福原の清盛の邸宅・雪見御所跡の碑　神戸市

が、わずか八歳にして従三位《じゅさんみ》に叙《じょ》され、翌日には権中納言《ごんのちゅうなごん》に任じられた。父基房もスピード昇進であったが、権中納言への昇進は十四歳でのことであり、八歳での権中納言昇進は異例中の異例である。しかも、重要なのは、ここで師家が一気に基通の官位まで飛び越してしまったことである。このことは、基通ではなく、師家こそが摂関家の後継者として承認されたことを意味している。基房は後白河との結合によって、念願の摂関家嫡流の地位を手中にしたのである。

しかし、このことを清盛が黙って見ているはずはなかった。そもそも、摂関家の実権を持ち、「大殿」の立場を得ることで国政に介入してきた清盛にとって、摂関家の問題は生命線だったのである。

十一月十四日、本拠としていた摂津国福原《せっつのくにふくはら》（神戸市兵庫区）から数千の軍兵を引き連れて上洛した清盛は、後白河と基房が同意して国政を乱しているとして、後白河を鳥羽殿《とばどの》に幽閉し、基房の関白職を解任したうえ、大宰権帥《だざいごんのそち》に任じて九州に左遷した（治承三年の政変）。基房にとって後白河と結んでの嫡流奪取は、父忠通にならった謀略のつもりだったのかもしれないが、彼は時代の状況を読み切れなかったと言えるだろう。保元の乱のときの忠通と、このときの基房では置かれた立場がまったく異なっていたのである。

十一月十六日、兼実が基房に書状を送ったところ、「いま一度お会いできないのが悔しい」との返事があり、兼実は「神心屠《しんしんはふ》るが如《ごと》し」（心が引き裂かれそう）になったという。この日の『玉葉』には、「ここ数年会釈《えしゃく》さえしないことが多かったけれども、自分は執筆《しゅひつ》以下、多くの教えを受けており、いま一度拝顔《はいがん》したいと心から願っている。しかし、だからといっていま基房邸に駆けつければ、自分も基房の仲間と見られてしまうし、路頭には武士が満ちて容易に往還できない」と苦渋の心中が吐露《とろ》されている。結局、基房は二十二日に出家し、そのために左遷が改められて、備前国《びぜんのくに》への配流となった（『公卿補任《くぎょうぶにん》』）。

第二章　平氏政権と兼実の微妙な関係

関白基通の後見人をつとめる

治承三年（一一七九）十一月十四日、軍事クーデターによって後白河院政を停止し、関白基房を解任した清盛は、高倉天皇に親政をおこなわせ、基房後任の関白に、基実の遺児である基通を任じた。しかし、高倉はときに十九歳で、清盛の操り人形にすぎず、政治の実権は完全に清盛と平氏一門によって掌握されることになった。平氏政権の成立である。

兼実は承安四年（一一七四）、重盛が右近衛大将に任じられたとき、「今重盛卿、当時に於《お》いては尤《もっと》も当仁《とうじん》と謂《い》ふべし」と述べているくらいなので（七月九日条）、とくにこれまで平氏や清盛に対して批判的な立場にあったわけではなかった。

だが、清盛が武力によって後白河の政権を倒したことには否定的で、クーデターによって成立した新政権にも距離を置く姿勢を取った。兼実の長男良通は、政変直後の除目で権中納言・右近衛大将に任官したが、これが清盛の推挙によるものだとわかると、兼実は、辞退すべきだけれども、辞退したら「絞斬《こうざん》の罪」に処せられるかもしれない。しかし、辞退しないことは「諂諛《てんゆ》（媚《こ》びへつらうこと）

の甚《はなは》だしき」で、「生涯の期《ご》を失ふ」と述べている（十一月二十日条）。

ところが、十一月二十三日、兼実の側近基輔《もとすけ》を介して新関白基通が接触してきた。「父（基実）が亡くなった後、一向貴方（兼実）を頼りにして過ごしてきましたが、不慮にして関白に任じられてしまいました。ずっと引きこもってばかりだったので、わからないことだらけです。今後はいっそう貴方の指導を仰ぎたく思います」というのである。基通を助けることは平氏政権に協力することになるので、兼実は躊躇《ちゅうちょ》しながらも、基通の父基実の「深恩《しんおん》」に報いるためということで、指導を引き受けた。こうして、兼実は平氏政権を批判しながらも、政権の中枢に関与することになるのである。

近衛基通　「天子摂関御影」　宮内庁三の丸尚蔵館蔵

　これよりしばらくの間、基通と兼実の間で、関白としての儀式作法や装束、行事をおこなうことの是非などについてのやりとりが続けられることになった。たとえば、この年の大晦日《おおみそか》には、基通が皇嘉門院御所を訪れて兼実と面会し、正月の小朝《こちょう》拝《はい》・節会《せちえ》・叙位《じょい》について尋ねている。その中で、基通は練歩《れんぽ》（儀式の際、庭上を練り歩くこと）の方法を「一切習はず知らず」というので、兼実は御所の坪庭《つぼにわ》に降りて、基通に付き添って練歩のやり方を示している。本来、このような手取り足取りでの作法の指導は父親がおこなうものであるから、兼実は父親代わりの役割を果たしていたといっていいだろう。

しかし、兼実の指導にもかかわらず、基通は儀式でのミスが相次いだ。基通の側には兼実とは別にもう一人、乳父（乳母の夫）で摂関家代々に仕えた平信範《のぶのり》が付いて補佐をしていたが、信範は兼実に基通の未熟さを歎き（十二月十日条）、「和漢の事を知らず」とこぼしている（治承五年三月二十日条）。

のち、翌年二月の安徳天皇の即位式でも、基通の所作はミスの連続で、翌日、基通は兼実のもとに弁明にやってきた。だが、ここで基通は自分の考えでしたことではなく、兼実が日頃忌み嫌う左大臣経宗などに教えられた、などと言い訳するものだから、「どうして摂関家以外のよその人の教えに従ったのか」と、余計に兼実の怒りを買っている（治承四年二月二十二日条）。基通は人をイラつかせる能力に長けていたと言うべきだろう。

儀式においてこの有り様であるから、政務についてはなおさらで、兼実も「関白有若亡《うじゃくぼう》（有って亡《な》きが若《ごと》し）」と認めている（治承四年正月二十日条）。関白というのは、天皇の補佐役であるから、これでは関白の役割など果たせるはずがない。そこで、天皇は基通ではなく、兼実に関白としての役割を期待するようになっていく。

たとえば、十二月六日、政変後、初めて参内した兼実に対して、高倉天皇は密かに来春、譲位《じょうい》することを伝え、除目についてアドバイスを求めているが、兼実は本来このようなことは摂関がおこなうべきことだと述べている。また、翌年正月、兼実は天皇から皇太子言仁《ときひと》親王の着袴《ちゃっこ》での天皇の作法について、まとめて進上するよう命じられたが、これも本来、「執政の臣（摂関）顧問に備ふべき事」であった（正月十七日条）。天皇は基通の頭越しに、基通の後見人たる兼実に補佐を求めていたのである。これでは、兼実は後見人どころか事実上の関白ということになるだろう。兼実は平氏政権と距離を取っていたが、皮肉にも実は、平氏政権において兼実の存在価値は高まっていたのである。

以仁王の乱という激震

高倉天皇が兼実に予告していたように、治承四年（一一八〇）二月二十一日、天皇は三歳の皇太子言仁親王に譲位し、言仁は即位して安徳天皇となった。これにともない基通は摂政になった。摂政は天皇の権限を代行するので、いっそうその責任は重くなったといえるだろう。兼実も後見人として、これまで以上に政権への関与を期待されたはずである。

しかし、安徳即位の直後から政権は激震に見舞われる。五月十六日、高倉宮以仁王《たかくらのみやもちひとおう》の謀反が発覚したのである。以仁王は後白河の第三皇子で、高倉の異母兄である。だが、母は閑院流・藤原季成《すえなり》の娘成子で、高倉の母建春門院ににらまれて親王宣下すら許されなかった。一方で、鳥羽院の愛娘である八条院暲子内親王の猶子《ゆうし》になっていたことから、彼は鳥羽院の皇統を継ぐ者と自負していたらしい。しかし、治承三年の政変の後、以仁王は高倉・安徳の皇統を揺るがしかねない存在としてまたもやにらまれ、知行していた城興寺《じょうこうじ》領を没収されてしまう。そして、さらに謀反の容疑をかけられ、土佐《とさ》への配流が決定した。だが、検非違使《けびいし》が三条高倉の宮邸に踏み込むと、邸内はもぬけの殻だったのである。

この事件については、さまざまな解釈が出されているが、ここでは以下、『玉葉』によってその展開について見ておこう。

まず、五月十六日、以仁王が園城寺《おんじょうじ》（三井寺《みいでら》）にいることが明らかになると、平氏方は園城寺の長吏《ちょうり》（トップ）である八条宮円恵法親王《はちじょうのみやえんけいほっしんのう》（後白河院皇子）や僧綱《そうごう》たちを使って、以仁王をかくまっている園城寺衆徒に宮（以仁王）を引き渡すよう説得させた（五月十七日条）。二十日条によれば、衆徒たちはこれに応じたものの、八条宮が宮を迎えるため使者を派遣したところ、宮は色をなして怒り、「汝《なんじ》我を搦《から》めんと欲《ほっ》す。更に手を懸《か》くべからず」と言い、交渉は失敗したという。

また、十九日条によれば、園城寺衆徒は「南都《なんと》」（興福寺《こうふくじ》をさす）にも牒状《ちょうじょう》を送り、支援を求めていたらしい。興福寺は藤原氏の氏寺《うじでら》であり、藤氏長者《とうしちょうじゃ》でもある基房が流罪に処されたことに不満を持っていたのである。

そして二十一日、ついに園城寺に対する総攻撃命令が武士に出され、二十三日に軍勢が進発することが決定した。これに対して、園城寺大衆《だいしゅ》は早々に議定《ぎじょう》を開き、そこで宮を引き渡さないことを確認し、宮も「たとえ自分の命が果てたとしても人手には渡すな」と意気軒昂《けんこう》に申し放った。これを見た者は感歎しないものがなかったという。

この段階までは、兼実も「園城寺の仏法滅尽《ぶっぽうめつじん》の時至るか」というように、園城寺側の被害ばかりを心配していた。だが、この日の夜半、予想外の大事が出来する。二十一日の攻撃命令に当たり、十名の武士が大将とされていたのだが、その中の一人である老将・源頼政《よりまさ》が子息を伴い、園城寺に立てこもったのである。

二十二日、このことを聞いた兼実は、病をおして高倉上皇の院御所に参ったのだが、ここで藤原邦《くに》綱《つな》から、延暦寺僧の消息を見せられ、さらに仰天した。延暦寺の大衆三百余人が園城寺に与力したというのである。また、夜に入ると、興福寺の大衆も蜂起したという情報も入ってきた。以仁王の一件は園城寺のみならず、延暦寺・興福寺という巨大寺院に、有力軍事貴族の一人である頼政まで巻き込んだ未曾有の反乱事件へと拡大していったのである。

頼政塚　京都府宇治市・平等院

結局、二十三日の園城寺に対する総攻撃は沙汰止みとなったのだが、二十六日になり、事態は大きく動き出す。この日の朝、宮が頼政とともに園城寺を抜け出し、奈良へ向かったので、武士がこれを追撃しているという情報が入ってきたのである。そこで兼実が院御所に参上すると、午の刻（正午頃）、検非違使源季貞《すえさだ》が前右大将《さきのうだいしょう》平宗盛《むねもり》の使者としてやって来て、以仁王と頼政たちを討ち取ったと報告した。その詳細は次のようであったという。

この日の寅《とら》の刻《こく》（午前四時頃）、宮たちが逃げ出したとの情報を得た平氏の官軍は、士卒《しそつ》三百騎を率いてこれを追った。このとき、宮たちは宇治平等院《びょうどういん》で食事をとっていた。宮たちは敵軍が近づけないように、宇治川にかかる橋を撤去していたが、侍大将《さむらいだいしょう》の伊藤忠清《いとうただきよ》以下十七騎は、川の水が深くなかったので川の中に入り、渡ったところで合戦となった。ところが、ほかの官軍は来ず、宮たちはその隙《すき》に逃げ去った。しかし、官軍はなおも追いつき、「綺河原」（綺田河原《かばたがわら》。京都府木津川市《きづがわ》）で頼政入道と息子の兼綱《かねつな》を討ち取った。敵軍はわずか五十騎であったが、みな死を顧《かえり》みず、命乞いする者はいなかったという。

その後、平等院の寺務のトップである執行良俊《しぎょうりょうしゅん》から使者があり、平等院の殿上廊《てんじょうろう》に自殺者の死体が三体あったという。そのうち一体は首がなく、おそらくこれが宮ではないかということになった。こうして、大規模な反乱事件に拡大した以仁王の乱は、急転直下、解決したのである。兼実は「ただ王化《おうか》（天皇の政治）の空《むな》しからざるに非《あら》ず」と喜びつつも、一方でこれは清盛のためにもよいことだとして、複雑な心境を吐露《とろ》している。

「福原遷都」と迷走する政権

以仁王の乱は、発生から約十日にして鎮圧されたが、以仁王は遺体がはっきり確認されなかったこ

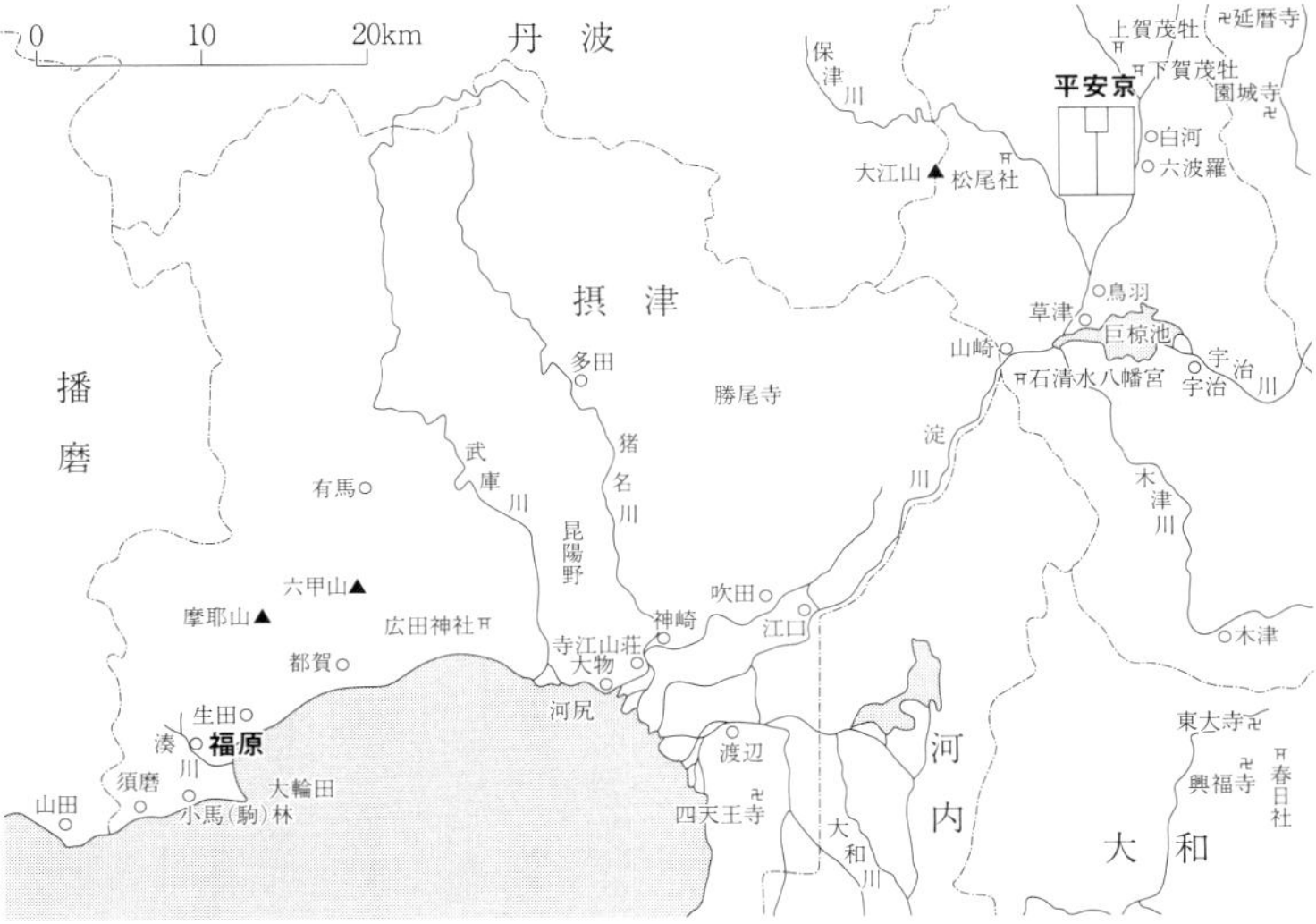

図２　京・福原関係図（元木泰雄『平清盛の闘い―幻の中世国家―』掲載図をもとに加筆）

ともあり、直後から生存説が流された。また、以仁王に与力した興福寺大衆は乱鎮圧後も上洛の構えを見せたので、騒動はなかなか終息しなかった。そこで、六月二日、清盛は興福寺の上洛に伴う混乱を防ぐ目的もあり、安徳天皇・高倉院・後白河法皇を京都から、自分の本拠地である福原に遷した。いわゆる「福原遷都」である。ただし、『玉葉』によれば、当初、これはあくまで「遷幸《せんこう》」であり、福原は「離宮」であった。十一日になって、遷都が確定したとの情報がもたらされている。

「福原遷都」は、このように行き当たりばったりで突如として決まったため、福原には貴族や官人の宿所もないという有り様で、『玉葉』の六月二日条によれば、多くが道路に座していたという。兼実も福原に参るべきかと清盛に問い合わせたところ、「宿所がないのですぐに参らなくてもよい。

おって福原よりお知らせしよう」との返事があった（六月一日条）。結局八日になって、遷都のことについて相談したいので福原に参るようにという高倉上皇の院宣が伝えられ、十三日に京都を出発することになった。

その当日、兼実は病をおして供《とも》の諸大夫五人・侍四人・随身《ずいじん》二人・女房《にょうぼう》四人を連れ、草津《くさつ》（京都市右京区）から船に乗り、淀川《よどがわ》を下って福原に向かった。兼実と女房の乗る船は藤原邦綱が手配し、その他の船は皇嘉門院の荘園から召したという。そして、十四日の寅の刻（午前四時）頃、神崎川《かんざきがわ》の河口にある邦綱の寺江山荘《てらえさんそう》に到着した。八日の院宣で「福原には住む所がないので、邦綱の寺江山荘に参り、そこから早朝福原に参上し、夜また寺江に帰りなさい」といわれていたのである。寺江山荘は現在の兵庫県尼崎市内で、福原からは直線で約二十キロの距離である。現在では自動車で三十分もかからないが、当時は牛車《ぎっしゃ》で半日かかった。院宣のとおりに毎日寺江から通ったとすれば、ひどい遠距離通勤である。

それはともかく、この日は寺江ではしばらく休息するのみで、未《ひつじ》の一点（午後一時頃）に寺江を発《た》ち、戌《いぬ》の刻（午後八時頃）になってようやく福原に到着して、院御所である平頼盛《よりもり》（清盛の異母弟）邸に参った。しかし、時刻はすでに子《ね》の刻（午後九時）を回っており、すでに院はお休みとのことであるので、女房に挨拶《あいさつ》だけ済まして退出し、内裏（清盛邸）にも行けなかった。翌日になってようやく内裏や院御所に参ることになるのである。

兼実が今回呼ばれたのは、主に新都の造営について協議するためであった。実は「福原遷都」は、当初は福原に隣接する海岸部分である和田《わだ》（輪田）が都城《とじょう》造営の予定地とされていた。だが、山と海に挟まれて平地の少ない和田周辺では用地が足りず、これへの対策が喫緊《きっきん》の課題だったのである。ところが、兼実が内裏で意見を述べ、ついで院御所に参ると、高倉院は、和田は狭く「難議万端《なんぎばんたん》」であるので、これを止め、現在の伊丹《いたみ》市・尼崎市に広がる小屋野《こやの》に改めると言い出した。「和田京《わだきょう》」計画は白紙になってしまったのである。

このあとも、「小屋野京」計画は、清盛の妾《めかけ》である厳島内侍《いつくしまないし》の託宣《たくせん》によって播磨印南野《はりまいなみの》に改定され（六月十七日条）、結局、七月になって福原をしばらく皇居とし、道路を開き、宅地を人々に与えることで、事実上の都城とするということで落ち着くことになる（七月十六日条）。この迷走ぶりは政権の混乱状態を如実にあらわすものだろう。

安徳天皇行在所跡の碑　神戸市

こうした政務の混乱に対処するためにも、兼実のような有職《ゆうそく》の公卿の存在は貴重であったはずである。だが、兼実は福原参向以前から病がちで、六月十五日、福原から寺江に戻る途中で浜風に吹かれて病状を悪化させてしまい、十八日、病のため京都に戻ると高倉院に申し上げて、二十日、京都に帰ってしまった。こうして結局、兼実はこのあと二度と福原に参ることはなかった。

兼実内覧構想

一方で、平氏や政権にとって兼実の存在価値は増していた。このことを象徴するのが、嫡子良通の結婚である。兼実が福原から京都に戻った直後の六月二十三日、良通は花山院兼雅《かさのいんかねまさ》の娘と結婚したのである。兼雅は清盛の婿《むこ》で、娘は清盛の外孫であった。すなわち、これによって兼実は清盛と縁続きになったのである（ちなみに、兼雅の姉妹は基房の妻忠子である）。しかも、『玉葉』治承四年（一一八〇）二月十三日条によれば、この結婚は清盛の「結構《けっこう》」（企て）で、兼雅の娘は当初、摂政基通の養女として嫁ぐことが決まっていた（これは遷都によって中止された）。このことは、清盛が兼実を重視し、政権内に取り込もうとしていることのあらわれだろう。

七月に入ると、前述のように、福原をしばらく皇居とすることが決定され、福原の整備が開始されるのだが、形式上政権のトップであった高倉上皇が二十日頃から病となり、しだいに憔悴《しょうすい》していった。『玉葉』によれば、二十四日にはすでに助からないといわれており、二十九日にはついに太上天皇《だいじょうてんのう》の尊号《そんごう》と随身を辞退したのである。こうした中で、政務の表に立つことになったのが、摂政基通である。藤原忠親《ただちか》（花山院忠雅の弟）の日記『山槐記《さんかいき》』の二十九日条によれば、この日、高倉は尊号・随身辞退とともに「天下の事」をすべて基通に委ねたというのである。ところが、三十日になると、基通までが「瘧病《ぎゃくびょう》」を発し、病状は悪化していった。院と摂政がともに病に倒れるという非常事態に陥ったのである。

　こうした中、八月二十九日、兼実は太政官《だいじょうかん》の実務を束ねる大夫史《たいふし》小槻隆職《おづきたかもと》の話として、兼実を内覧《ないらん》とするという「内議《ないぎ》」があったと聞かされている。内覧とは、天皇が決裁する文書を前もって内見して天皇を補佐する役職で、ほぼ関白と同様の地位であるが、兼実の反応は、「この事然るべからず」と否定的で、政権から距離を置きたがっていた兼実がこれを引き受けたとは思われない。だが「内議」とは、国政案件について、当時の最高審議機関である院御所議定で審議する前に、平氏一門を中心におこなわれた内々の会議で、当時の国政は事実上そこで決まっていた。話は具体的であり、これは単なる噂ではなく事実であったと見ていいだろう。

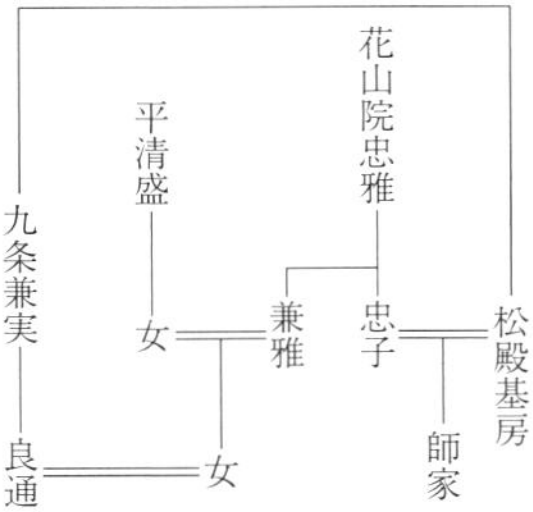

系図9　九条家・松殿家・花山院家関係系図

　おそらくここで、兼実を内覧にという話が出たのは、高倉・基通の病によるものであろう。高倉・基通が病に倒れたことで、改めて兼実の存在が浮上したのである（八月二十九日の段階では、高倉院・基通はすでに回復しており、おそらく内議があったのは、両者が倒れた七月末から八月上旬のことか）。

　それにしても、のちに兼実は頼朝の推挙によって内覧になるのだが、実は平氏も同じように兼実を内覧にしようとしていたというのは興味深い。皮肉にも、兼実は平氏政権によって表舞台に押し上げられたのである。

頼朝の挙兵と平氏の凋落

政権が迷走を続ける中で、八月以降、反平氏勢力の挙兵が全国で相次いだ。『玉葉』を見ると、八月まではそのような記事は見られないが、九月三日条に、熊野《くまの》権別当《ごんのべっとう》湛増《たんぞう》の謀反を記すとともに、年来配所《はいしょ》伊豆国《いずのくに》にあった「謀叛の賊義朝《ぞくよしとも》の子」が「伊豆・駿河《するが》両国を押領《おうりょう》」し、「宛《あたか》も将門《まさかど》の如し」とある。平治《へいじ》の乱で滅んだ義朝の子・頼朝《よりとも》が挙兵したのである（ただし、頼朝の挙兵は八月十七日のことである）。

九月五日、朝廷は頼朝追討宣旨《せんじ》を下して、平維盛《これもり》・忠度《ただのり》・知度《とものり》を追討使として派遣することを決めた。しかし、この間に頼朝はさらに勢力を拡大していた。八月二十三日、頼朝は石橋山《いしばしやま》（神奈川県小田原市）で平氏方の大庭《おおば》景親《かげちか》に敗れたが、かろうじて上総《かずさ》に脱出し、そこで「隣国有勢《りんごくゆうせい》の者等」の支援を得たのである（九月十一日条）。このあと、九月二十二日条によれば、頼朝の軍勢は数万に及び、七〜八ヶ国が占拠されたといい、追討軍の出発までに反乱がいっそう拡大していることがうかがえる。なお、兼実は『玉葉』十月二日条で「武を以て天下を治めるの世、豈以《あにもっ》て然《しか》るべきや」と記しており、そもそも武力により天下を治める平氏の政治手法自体に問題があるとしている。これは、兼実の政治観としても注目されよう。

九月二十九日、追討軍はようやく出発した。しかし、十月十六日、追討軍は甲斐武田《かいたけだ》城の攻略に失敗して、駿河の武士三千騎を失った。さらに十八日、富士川《ふじがわ》に対陣して「陣議定」までおこなったものの、官兵の投降が相次ぎ、追討軍は侍大将伊藤忠清の計略によって全面撤退した（十一月五日条）。このとき水鳥《みずどり》が飛び立つ羽音に驚いて、追討軍が潰走《かいそう》したというのは『平家物語』によって有名だが、この話は『山槐記』十一月六日条にも記されており、事実だったと見られる。

富士川での大敗は、平氏の凋落《ちょうらく》を決定づけるものとなり、各地での反乱勢力を勢いづかせた。『玉葉』十一月八日条には、遠江《とおとうみ》以東十五ヶ国が反乱勢力に与力し、「草木も靡《なび》かないものはない」と記され、反乱勢力は十二日条には美濃《みの》、十九日条には近江まで及んだとしている。ここに至っては、清盛も京都が奪われることを恐れて、京都への還都《かんと》を決定し、十一月二十六日、安徳天皇・高倉院・後白河法皇は五ヶ月ぶりに京都に戻った。

第三章　平氏政権の崩壊

清盛死す

都が平安京に戻されると、平氏は反撃を開始し、治承四年（一一八〇）の十二月には近江の反乱をほぼ鎮圧した。兼実は十二月三日条で「還都の験《げん》に依り、凶賊《きょうぞく》等、頗《すこぶ》る勢ひ衰へる者か」と記しており、反乱鎮圧は還都の効果によるものだと喜んでいる。だが、十二月に入ると再び興福寺大衆の動きが活発になる。これに対して、平氏は軍事体制の強化、再編を進めたが、これには兼実も無関係ではいられなかった。十二月十五日、皇嘉門院および兼実の所領について、すべて召し上げ、武士に与えるとの命令が下された。清盛は荘園領主の支配にも介入して、反乱鎮圧のための総動員体制を創出しようとしたのである。

また、年が明けて正月二十七日には、皇嘉門院・兼実の御所がある東九条の近辺に武士の宿館を建てるので、土地の一部を郎従《ろうじゅう》に賜《たまわ》りたいとの申し出（事実上の命令）があった。清盛は還都後、宇治や奈良からの敵襲に備え、京都南部の八条河原・九条末《すえ》に軍事拠点を構築しようとしていた。兼実や皇嘉門院はその巻き添えを食ったわけである。

しかも、この間、十二月二十五日には、清盛の五男重衡《しげひら》が追討使として興福寺に派遣されたのだが、同二十九日、兼実のもとに届いたのは、興福寺・東大寺以下の南都七大寺が「悉《ことごと》く灰燼《かいじん》に変じ」たという知らせだった。藤原氏の氏寺として、摂関家の歴代が篤く信仰し、管理してきた興福寺の伽藍《がらん》が全焼してしまったのである。兼実は「我が氏《うじ》破滅」と述べ、この時代に生まれたことを宿業《しゅくごう》と嘆いている。

一方で、この頃、政権中枢の体制には徐々に変化が生まれていた。この当時、かたち上、政権トップの座にあったのは高倉院であった。だが、還都後も高倉の体調は思わしくなく、治承四年十二月十八日、清盛は後白河に政務を執るよう申し入れた。後白河はこれを受け入れ、ここに形式的ながら後白河院政が再開されたのである（なお、高倉は翌年正月十四日、二十一歳の若さで死去した）。また、直前の十六日には、基房が罪を許されて帰京した。清盛はかつて敵対し、排除した者たちを受け入れ、反対勢力との融和を探りはじめていたのではないだろうか。さらに、基房の帰京と同じ十六日には、清盛が天下の事を三男宗盛に譲るという伝聞が流れていた。清盛は、後白河との和解とともに一線から退くつもりであったようにも見える。

しかし、清盛は新たな体制を確立しないまま、病に倒れた。兼実のもとには治承五年二月二十七日、清盛が「頭風《ずふう》」を病んでいるという情報が初めて伝わっているが、閏二月一日、兼実は側近で情報通の中原有安《なかはらのありやす》から、清盛の病は十のうち九はダメだろうと聞かされている。そして、兼実が清盛の死去を知ったのは、四日の夜であった。兼実は『玉葉』の五日条に清盛の評伝を記しているが、本来ならば骸《むくろ》を戦場にさらすべきところ、病床で亡くなったというのは、彼の宿運《しゅくうん》のなせるわざだと皮肉たっぷりに文章を結んでいる。

皇嘉門院の死と遺領相論

清盛の没後、宗盛が後継者となり、三月十日には尾張《おわり》・美濃国境の墨俣川《すのまたがわ》での源行家《ゆきいえ》（頼朝の叔父）率いる反乱軍との合戦に、平氏の官軍が勝利を収めた（三月十三日条）。だが、その後、全国的に飢饉《ききん》が広まったこともあり（養和《ようわ》の飢饉）、大規模な軍事行動は二年後の寿永《じゅえい》二年（一一八三）夏までおこなわれなかった。頼朝も何度も上洛が噂されながら、背後の奥州《おうしゅう》藤原氏や佐竹《さたけ》氏の動きを警戒して、上洛に向けた軍事行動をおこなうことができなかった。

こうした中、養和元年（一一八一）十二月、兼実にとっては大きな出来事があった。彼の事実上の母親代わりであった、皇嘉門院聖子が死去したのである。この養和元年は、聖子にとっては災厄《さいやく》が連続した一年であった。三月四日、九条の御所が火災に見舞われ、彼女は兼実の九条富小路《とみのこうじ》殿に入った。ところが、同月二十一日、再び彼女の御所は炎上し、九条堂《くじょうどう》（証真如院《しょうしんにょいん》）に隣接する御堂御所に入ることになる。だが、翌日、御堂御所は外壁が完全でないということで、さらに側近藤原頼輔《よりすけ》の南直廬《みなみじきろ》（宿所）に移転したのである。

皇嘉門院陵　京都市伏見区

その後、聖子は知人から御所を借りようとしたが、障りがあるとか凶所だとかいう理由で断られ、しばらく頼輔の直盧への滞在を余儀なくされた。ところが、頼輔の直盧は手狭なためか、夏になると暑くて片時もじっとしていられない。そこで、彼女はその護持僧《ごじそう》である園城寺の覚智僧正《かくちそうじょう》から楊梅《やまもも》壬生第《みぶてい》を借りることにした。この邸のもとの主は、安元三年（一一七七）の政変で流罪になった業景《なりかげ》法師《ほうし》（西景《さいけい》）で、政変後、検非違使に没収されていたのを覚智が手に入れたのである。兼実はもとの主の身分が卑《いや》しいうえ、罪人だとして再三反対したが、六月五日、聖子は「衆難《しゅうなん》を顧みず、枉《ま》げて渡御《とぎょ》」した。ところが結局、京内で群盗《ぐんとう》事件が相次ぐと、早く廃れた右京に近く物寂しかったのか、この御所では恐ろしいということになって八月九日、再び頼輔の直盧に戻ったのである。

十一月二日、聖子はようやく新造された御所に入ったのだが、その直後の同月二十九日、病が彼女を襲った。この日、酉《とり》の刻（午後六時頃）より震えが見られ、その後しばらく治まっていたのだが、誦経《ずきょう》を修していたところ、突然倒れ、前後不覚になったのである。翌日には意識は回復したようだが、食事も喉《のど》を通らず、死期を悟った聖子は十二月一日から毎日受戒して、四日に死去した。六十歳であった。御所の火災以来のごたごたも、おそらく彼女にとってはストレスであり、寿命を縮める原因となったのではなかろうか。

皇嘉門院死去の二日前である十二月二日、兼実が皇嘉門院別当でもあった平信範に対し、女院没後の雑事《ざつじ》を沙汰するよう前もって指示しているように、皇嘉門院の葬送や没後の仏事は兼実を中心にしておこなわれた。皇嘉門院の経営は事実上、兼実や良通に引き継がれることになっていたのである。だが、女院《にょいん》の四十九日の供養《くよう》が終わったばかりの養和二年二月九日、基房が皇嘉門院領の相続について、突然横やりを入れてきた。彼は最勝金剛院の知行について、女院の仮名消息《しょうそく》と荘園目録を提出して、自分に権利があると訴えを起こしたのである。

聖子の父忠通と母宗子の仏事がおこなわれる最勝金剛院は、父祖の菩提《ぼだい》を弔《とむら》う女院とその後継たる兼実にとって最も重要な施設であり、二十ヶ所に近い所領も付属していた。前に述べたように、基房はこれ以前、最勝金剛院領以下の所領を自分に譲るように聖子に迫り、認めさせている。基房はこのことを根拠に、最勝金剛院の知行を主張したのだろう。

しかし、聖子は基房失脚後の治承四年五月十一日、譲状《ゆずりじょう》を書き直してすべてを良通に譲り、兼実の生存中は兼実が沙汰するようにと命じていた。そのうえ、彼女は亡くなる前、その譲状を後白河院に進上し、院の承認を獲得していた（養和元年九月二十日条）。そもそも基房が以前譲られたのは、摂関家にとって「一《いち》の人《ひと》」（摂関）が知行したほうがいい、という理由からであったが（皇嘉門院惣処分状）、養和二年の段階では基房はもはや摂関ではなかった。こうしたことから考えると、基房には最初から勝ち目はなかったはずである。

三月一日、兼実が頭弁《とうのべん》平親宗《ちかむね》に尋ねたところ、この件は、すでに皇嘉門院からも話があったことであり、今さら沙汰に及ばない。基房の訴えは受け入れられないだろう、とのことであった。兼実はこの日の日記に、このような訴訟は女院を傷つけるものだとして憤りを見せている。だが、もとより肉親に冷淡でマイペースな基房は、そんなことは露ほども考えていなかったのであろう。前年十二月十八日、兼実は基房の帰洛に喜びの書簡を送っていたのだが、ここに兼実・基房兄弟の亀裂は再び深まっていくことになる。

平氏都落ちによる混乱

寿永二年（一一八三）四月、平氏はようやく軍事活動を再開させた。同月二十三日、北陸道《ほくりくどう》の反乱軍を征討するため、平維盛を大将とする追討使が派遣されたのである。追討使は越前《えちぜん》を平定し、加賀《かが》に攻め入ったが、五月十一日、勝ちに乗って越中《えっちゅう》に入ろうとしたところ、頼朝の従兄弟《いとこ》にあたる「木曾冠者義仲《きそのかじゃよしなか》」、同じく叔父にあたる「十郎蔵人行家《じゅうろうくろうど》」をはじめとする源氏の軍勢に迎え討たれ、大敗を喫《きっ》した（五月十六日条。砺波山《となみやま》の合戦）。

兼実は『玉葉』六月五日条に、中原有安の話として、「官軍敗亡《はいぼう》の子細《しさい》」を記している。それによれば、

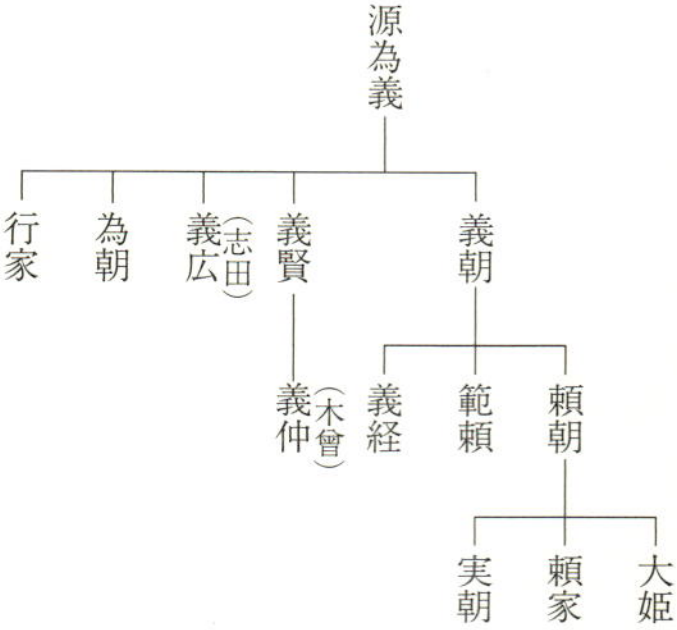

系図10　河内源氏系図

官軍が四万の大軍勢に対し、敵軍は五千騎に及ばなかったが、大将の維盛と、侍大将である平氏郎等《ろうどう》の平盛俊《もりとし》・藤原景家《かげいえ》・藤原忠経《ただつね》が主導権を争ったといい、それに伴う士気の乱れが大敗につながったようである。官軍は合戦で過半が死傷し、残った者は物具《もののぐ》を捨てて山林に入ったが、落武者《おちむしゃ》狩りにあって、そのほとんどが討ち取られるという悲惨な有り様であった。

　六月六日、後白河院は今後の対応を兼実に諮《はか》ったが、これに対する兼実の返答は、伊勢・近江に武士を派遣して、当時の首都圏である畿内《きない》を守るというほかは、仁恵《じんけい》を施すとか、祈祷《きとう》をおこなうというばかりで、現実的な策を提示できなかった（六月九日条）。

　そうこうしている間に、義仲・行家の軍勢は京都に迫り、七月半ばには、彼らは延暦寺の大衆などとも結んで京都を四方から取り囲むような格好となった。これに対して、平氏は追討使を派遣して反乱軍と対峙したが、七月二十五日、宗盛ら平氏一門は六波羅・西八条の邸宅に火を放ち、安徳天皇を連行して西国へと逃亡した。平氏都落ちである。

　この日、兼実は最勝金剛院にいた。近江の反乱軍が京都に夜討ちをかけると噂されたため、前日から避難していたのである。だが、ここにも前線から帰った平氏の武士たちが城郭を構えるといって集

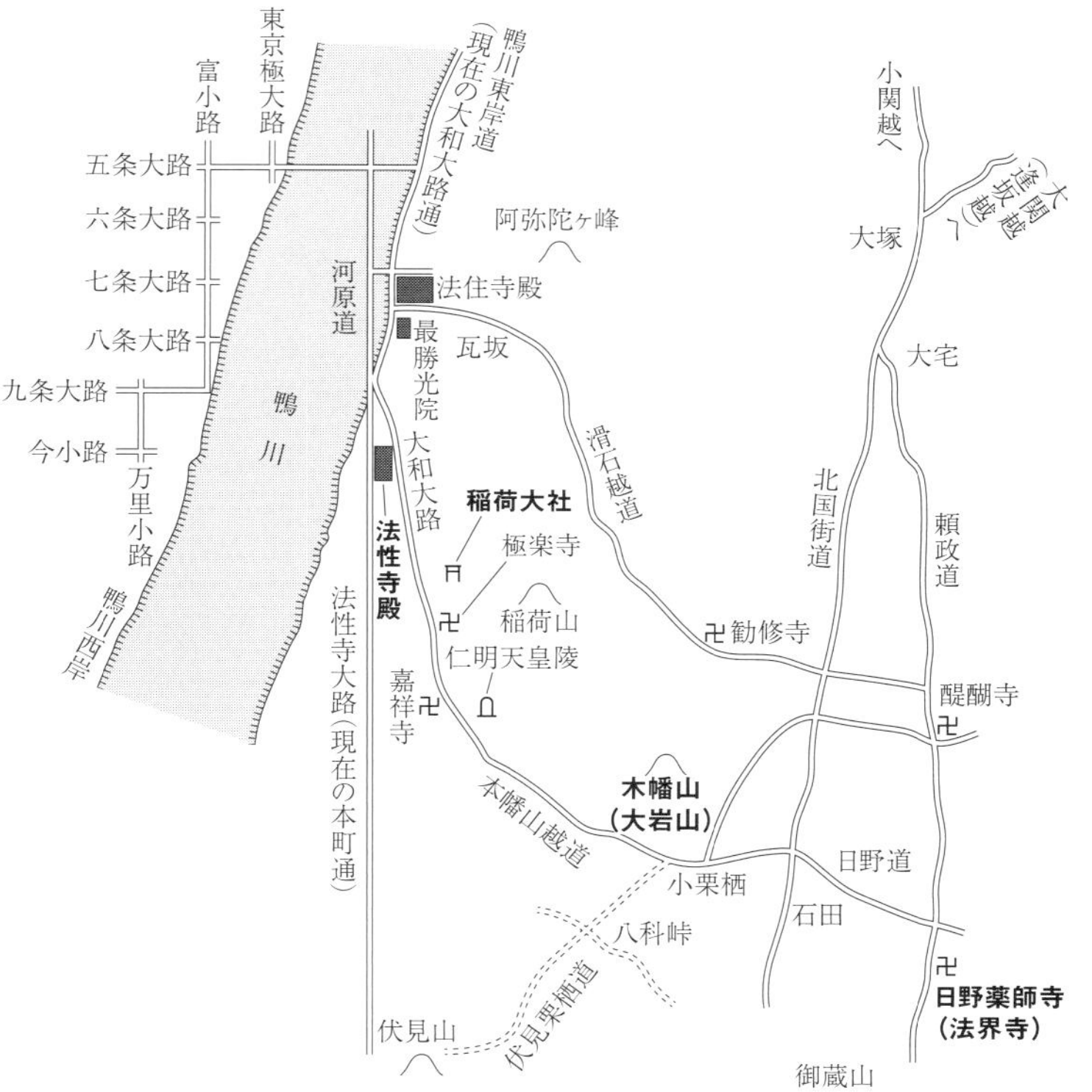

図３　最勝金剛院から日野までのルート（加納重文『九条兼実―社稷の志、天意神慮に答える者か―』掲載図をもとに作成）

まりはじめた。最勝金剛院のある法性寺《ほっしょうじ》は、京都と宇治や奈良を結ぶ大和《やまと》大《おお》路《じ》・法性寺大路が通り、京都の南の出入口に当たる軍事上の要衝だったからである。

そこで、堪《た》えかねた兼実は女房たちを連れて南東の日野《ひの》（京都市伏見区）まで向かうことにした。日野には藤原氏北家《ほっけ》日野流の寺院である法界寺《ほうかいじ》があり、兼実たちはそこに行こうとしたのであろう。ところが、その途中、日野の西側に当たる木幡山《こわたやま》（京都府宇治市）に源氏軍がいることが判明し、結局、深草《ふかくさ》の稲荷下社《いなりしもしゃ》（京都市伏見区。現在の伏見稲荷大社）の近辺で一夜を過ごした。しかも、泊まった家は兼実にとってはひどいものであったようで、何の罪もないのにこんな目に遭うとは、と例のごとく嘆いている。この日は、平氏一門だけでなく、兼実にとっても最悪の一日だったようである。

それはともかく、平氏都落ちによって京都は大混乱となったが、朝廷にとって幸運だったのは、後白河が都落ち直前に比叡山に脱出して、平氏に連行されなかったことであろう。兼実は二十六日、法性寺に戻ると、その日のうちに比叡山に登って院に面会し、三種の神器《じんぎ》や源氏入京のことについて後白河と話し合っている。京都に残った後白河の主導下に、安徳に代わる新帝即位や、一転して逆賊《ぎゃくぞく》となった平氏の追討が進められていくのである。

摂関争奪レース始まる

ところで、平氏都落ちに当たり、摂政基通は当初、平氏一門に従って車を連ねていたが、途中で方向を転換して京都に引き返し、同じ日のうちに比叡山に登って後白河のもとに駆けつけた。とはいえ、平氏政権の崩壊によって基通は後ろ盾を失っていたから、基通はいつ摂関の地位を追われてもおかしくなくなった。ここに、次期摂関の座をめぐるレースの幕が切って落とされる。

まず、ここで活発に動き始めたのが基房であった。平氏都落ち後、彼は頼朝に使者を派遣し、自分を摂政に推挙するよう働きかけたという（寿永三年〈一一八四〉二月十一日条）。また、彼は行家のもとにも使者を送っており、ここでは兼実が摂関になることの非を伝えたとされている（寿永二年九月六日条）。これが四七頁で見た「三男が摂関になった例はない」という主張である。基房は、平氏政権の崩壊を受けて、頼朝や行家に接触して自身を売り込み、兼実が台頭するとみるや、その排除に動いたのである。

一方、これに対して、兼実の態度は煮え切らない。彼はこの頃政治に嫌気がさしていたようで、右大臣辞任を願い出るものの許されず、「遁世《とんせい》の志」があるとまで述べていた（九月一日条）。しかし、基房が兼実排除に動いていたことからもうかがえるように、世間では兼実待望論が高まっていた。『玉葉』九月四日条によれば、義仲のもとに兼実を登用しないことを不当と訴える落書《らくしょ》があったというし、寿永三年二月十一日条によれば、後白河も摂政は兼実が適任と考えていたらしい。このような状況下で基房は、兼実が摂政になったなら、以後、摂政はその子孫に伝えられ、自分の子孫には回ってこなくなる、と焦燥感《しょうそうかん》に駆られていた（二月十一日条）。

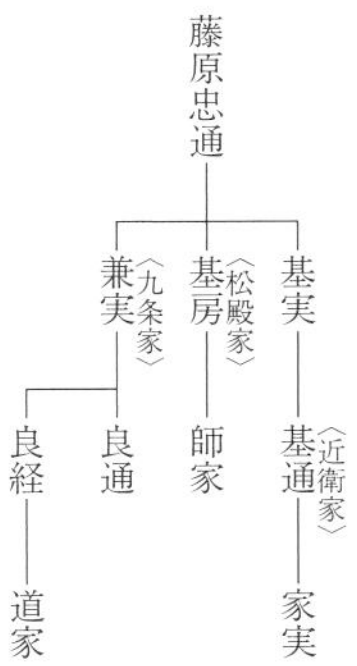

系図11　平安末期摂関家関係系図

しかし、結局、ここでは兼実も基房も摂政になることはなかった。後ろ盾を失ったはずだった基通が留任したのである。実はこの裏には、平氏都落ち直前、基通が後白河と男色関係を結び、以後、後白河に深く寵愛されるようになったことがあったらしい。兼実は、このことを「君臣合躰《がったい》の儀、之《これ》を以《もっ》て至極《しごく》と為《な》すべきか」と皮肉っている（八月十八日条）。協調し合うべき院と摂政が、肉体的にも合体してしまったというのである。しかも、平氏都落ちに際しても、基通は前もって後白河に都落ちの情報を密告していた。そこで、都落ち直前に比叡山に脱出し、難を逃れることができた後白河は、このこともあって、いっそう基通を寵愛するようになり、基通をそのまま摂政として用いたのである。

こうした中、八月二日、基房は院御所に入り、嫡子師家を摂政とするよう後白河に泣きついたが、後白河は首を縦に振らなかった。このとき基房は、それなら摂関家領を少しだけでもわけてほしいと後白河に願い出たが、これも断られたらしい（寿永三年二月十一日条）。基房の動きは見苦しい限りだが、待望の摂関家嫡流の地位を獲得する好機であり、それだけに必死だったのであろう。ここでは基房は付け入るすきも与えられなかったが、やがて政治状況の変化とともに、新たなチャンスが訪れることになる。

法住寺合戦と後白河の大敗

それについて述べる前に、ここで少しだけ話を前に戻そう。七月二十五日、平氏が都落ちすると、二十八日、義仲・行家の軍勢が京都に入ってきた。しかし、義仲と行家は入京当初から主導権を争い、とくに義仲は後白河との関係を悪化させていった。

後白河は、平氏によって西国に連行された安徳に代わる新帝として、高倉天皇の皇子の即位を考えていた。ところが、義仲は「以仁王の王子が北陸におります。(平氏を打倒した)義兵《ぎへい》の勲功は、この王子の御力によるものです」と主張して、これに異議を唱えたのである(八月十四日条)。結局、八月十四日、基房・基通・経宗の三人が院御所に召されて意見を問われたが、三人の回答はいずれも「北《ほく》陸宮《りくのみや》(以仁王王子)一切然《しか》るべからず」というもので、彼らが提案した占いの結果、高倉天皇の第四皇子尊成《たかひら》親王が即位することになった。これが後鳥羽《ごとば》天皇である。こうして、義仲は旗頭として擁立してきた北陸宮を即位させられず、後白河への不満を募らせていった。

また、義仲・行家の入京後、武士による狼藉や荘園の押領(横領)は以前より激しくなっていた。混乱を鎮圧できない義仲・行家に対して、後白河や貴族たちは失望し、東国にいる頼朝に期待するようになっていった。兼実は「緇素《しそ》(僧俗)貴賤《きせん》涙を拭《ぬぐ》はざるは無し、憑《たの》む所は只《ただ》頼朝の上洛」と述べている(九月五日条)。こうした中で、十月四日、頼朝は押領している東国の荘園を返付するなど、貴族たちの期待に応えた内容の申状《もうしじょう》を朝廷に提出してきた。これを受けて後白河は九日、頼朝を平治の乱以前の位階(従五位下《じゅごいのげ》)に戻してその罪を許し、十四日には頼朝の東国支配権を認める寿永二年十月宣旨が出される。ここに頼朝勢力は、反乱軍から朝廷公認の軍事権門《けんもん》へと性格を大きく変え、鎌倉幕府への一歩を踏み出した。

しかし、このような諸勢力の動きに義仲は不安に駆られることになる。十月宣旨は事実上、後白河が義仲に代えて頼朝と結ぶことを意味していたから、義仲はこれを「生涯の遺恨」として憤り、後白河の西国への連行を図ったのである。ところが、行家がこのことを後白河に密告したため、行家と義仲の関係は決裂し（閏十月二十日条）、行家が平氏追討のため播磨に進発していた最中の十一月十九日、義仲は後白河の御所・法住寺殿《ほうじゅうじどの》を襲撃した。

一方、後白河もこの数日前から法住寺殿に武士を集めて防備を構えていた。前日の十八日、兼実は後白河に「義仲に敵対するのは王者《おうじゃ》のおこないではありません」と諫めたが、後白河はこれを聞き入れず、対決姿勢を固めたのである。だが、合戦が始まると、院方武士の多くは逃亡し、後白河勢は大敗した。義仲の士卒《しそつ》は歓喜し、後白河を基通の五条東洞院第《ひがしのとういんてい》に連行していったという。兼実はこの合戦を評して、「凡《およ》そ漢家《かんか》・本朝《ほんちょう》、天下の乱逆《らんげき》其《そ》の数有りと雖《いえど》も、未《いま》だ今度の乱の如《ごと》きは有らず」と記している（十一月十九日条）。

基房の六十日天下

法住寺合戦での後白河の敗北を誰よりも喜んだのは、基房であろう。摂政基通は合戦直前に宇治に脱出し、十一月二十日、かわって基房が基通の旧邸である五条東洞院第に迎えられた。翌日、義仲は政務を基房と申し合わせ、沙汰すると決定し、二十二日、基通は摂政を解任されて、基房の嫡男師家が後任の摂政になったのである。

師家は十二歳という前代未聞の若年の摂政であったが、そもそも師家が摂政になったのは、基房がすでに出家していたためであろう。基房はかたち上、師家を摂政にして、実権は自分が掌握したのである。実際、十二月十日の臨時除目は、基房が執り行ったので、「善政相交じはる」とされ、人々に評判がよかったとされている（『吉記《きっき》』）。

それはともかく、これによって基房は、兄基実没後の遺産相続以来の積年の雪辱《せつじょく》を果たすことになる。師家の摂政就任とともに、基房は基通から摂関家代々の家産を奪い、ついに完全な摂関家嫡流の地位をつかんだのである。摂関家領について義仲は、はじめ基通に「相違《そうい》有るべからず」と伝えたという（近年の研究によれば、義仲は基通にも接近を図っていたらしい）。ところが、基房は万事「押《おし》沙汰《ざた》」し、強引に摂関家領を奪い取ってしまった（十一月二十七日条）。摂関家代々の日記・文書も同様であったようで、慈円の『愚管抄《ぐかんしょう》』（巻第五）には、「一《いち》ノ所《ところ》ノ家領文書《けりょうもんじょ》ハ松殿《まつどの》（基房）皆スベテ（全）サタ（沙汰）セラルベキニテ、近衛殿《このえどの》（基通）ハホロホロト成リヌル」とある。こうして十一月二十八日、師家は摂関家領に政所下文《まんどころくだしぶみ》を下して、新任の預所《あずかりどころ》を補任《ぶにん》し、うち八十ヶ所が義仲に与えられた。

しかし、基房の天下は長くは続かなかった。実は法住寺合戦以前、頼朝は代官として弟義経を京都に派遣しており、義経軍は伊勢で待機していた。近年の研究では、義経が関東から率いてきた軍勢はわずかで、伊勢で在地武士や、平氏都落ちに同行しなかった平氏一門の軍事貴族たちと合流し、彼らの加勢を得て入京したことが明らかにされている。寿永三年正月十六日、義仲が偵察のため郎従を近江に遣わしたところ、軍勢は数万に及んだといい、義経の軍勢は反義仲の勢力を取り込んで急速に大きくなっていたのである。

これに対して、正月十九日、義仲は叔父である志田義広《しだよしひろ》を宇治に派遣してこれを防ぐが、翌二十日、軍勢の多くは討ち取られ、義経軍は大和大路を通って入京する。義仲は後白河をうち棄てて対戦するが、軍勢を瀬田・宇治に派遣していたため、残る手勢は三、四十騎ばかりで「敵対するに及ばざるに依り、一矢射《いっしい》ずして落ち」ることになった。義仲は瀬田に派遣した軍勢を頼りに近江に赴くが、「阿波津野《あわづの》の辺り」（粟津、滋賀県大津市）にて討ち取られた。

義仲の討ち死は、すなわち基房にとって権力からの転落を意味した。ここに至り、彼は後白河に使者を遣わして詫《わ》びを入れるが、後白河の返答はなく、院御所に入ろうとした師家は追い返された。基房の天下はわずか六十日で終わったのである。

木曽義仲の墓　滋賀県大津市・義仲寺

第三部　執政兼実の栄光と挫折

第一章　執政への道

平氏との内通を疑われる

都落ちした平氏は、しばらくすると西国諸国を拠点に勢力を回復してきた。兼実は寿永《じゅえい》二年（一一八三）八月十二日の『玉葉《ぎょくよう》』に、「大略《たいりゃく》天下の躰《てい》、三国史（志）の如きか」と述べている。西に平氏、東に頼朝、中央に義仲がおり、中国古代の『三国志《さんごくし》』のような状況だというのである。これは、『玉葉』の中でも割合よく知られる記事だが、そもそも『三国志』では、後漢《ごかん》の朝廷が衰亡し、代わって魏《ぎ》・呉《ご》・蜀《しょく》の三国が成立するのであるから、平氏や頼朝、義仲を三国にたとえるとすれば、本来の朝廷は滅んでしまうことになりかねない。『三国志』のたとえは、相当深刻な危機意識のあらわれだろう。

九月五日には、四国および瀬戸内・九州の諸国が押し並べて平氏に付いたという噂も入っており、後白河院は義仲に平氏の追討を命じたが、閏十月一日、義仲は備中水島《びっちゅうみずしま》（岡山県倉敷市）で平氏軍に敗れて退却した（閏十月十四日条）。続いて派遣された行家《ゆきいえ》も十一月二十九日、播磨室津《はりまむろつ》（兵庫県たつの市）付近で平氏軍に敗れ（十二月二日条）、行家は海を渡って和泉《いずみ》に敗走する。こうして平氏は播磨まで平定し、翌年正月には福原まで奪回して、上洛をうかがうようになっていたのである。

この状況に対して、後白河は義仲を討って上洛したばかりの義経と兄の範頼に平氏追討を改めて命じ、二人は正月二十七日、京都を出発する（正月二十九日条）。そして二月七日、義経・範頼の軍勢は福原の平氏軍と激突し、勝利を収めた。この一ノ谷合戦については、すでに「はしがき」でもふれたので、そちらを御覧いただくことにして、ここでは合戦の結果、捕虜《ほりょ》となった平重衡《しげひら》から、兼実に関わる興味深い情報が出てきたことに注目しておこう。

重衡は清盛の三男で、南都焼き討ちの際の司令官だったことで知られる。一ノ谷合戦で捕らえられた後、彼は頼朝の在京代官土肥実平《どひさねひら》のもとに預けられて（二月九日条）、さまざまな尋問がおこなわれたのだが、実はその中で、兼実が「天下を知るべきの由《よし》」を平氏が議定《ぎじょう》していた、という話が出てきたのである。しかも、この話を受けて、尋問者は重衡に「若《も》しくは音信《おんしん》を通ずる事有るか」と問うたという。つまり、兼実は平氏と示し合わせていたのではないかと疑われてしまったのである。これに対して重衡は、「そのようなことは一切ない。ただ（ほかに）人がおらず、兼実のみが適任者なのだ」と語ったので、疑惑は打ち消されたが、一歩間違えば命取りで、単なるとばっちりでは済まされない（以上、二月十九日条）。

おそらく、兼実が「天下を知るべき」と平氏が議定したというのは、京都奪還後の政権構想でのことだろう。平氏は基通を摂関として擁立していたが、基通は都落ちに際して平氏を裏切っていたから、彼の再擁立はありえない。そこで、京都奪還に当たり、これに代わる適当な人物として、兼実を擁立しようとしたのである。

兼実は、こののち頼朝の推挙によって摂政《せっしょう》になることもあり、反平氏・親頼朝のイメージがあるのだが、重衡の発言は平氏が都落ち後の段階でも兼実の存在を重視していたことを物語るもので興味深い。現実的には、慎重な兼実が平氏と結ぶ可能性は低かったと思われるが、このことは、情勢によっては、頼朝と結ぶ以外の選択肢もありえたことを示すものだろう。

平氏一門の滅亡

さて、一ノ谷合戦の後、朝廷は兵粮《ひょうろう》不足から大規模な追討軍が編成できず、その間に平氏は讃岐《さぬき》国屋島《やしま》（香川県高松市）を拠点として勢力を盛り返した。元暦《げんりゃく》元年（一一八四）八月、ようやく範頼が追討使として西国に派遣されたが、範頼勢は苦戦が続き、戦局を打開することはできなかった。そこで、翌年二月十六日には、京都の治安維持を担当していた義経が軍勢を整え、摂津渡辺《せっつわたなべ》（大阪市中央区）より四国に渡ることになる。

二月十七日、阿波に入った義経は翌日、屋島に攻め寄せ、平氏を四国から追い落とした（三月四日条）。その後、『玉葉』には、平氏が摂関家領である讃岐国塩飽《しわく》庄（香川県丸亀市・坂出市など）に移ったが、義経の攻撃を受け、合戦もせずに厳島《いつくしま》に退いた（三月十六日条）とか、平氏は備前小島《びぜんこじま》（児島。岡山県倉敷市）あるいは伊予五之島《いよごのしま》（現在地不明）にあり、鎮西《ちんぜい》（九州）の水軍三百艘《そう》が加勢している

（同十七日条）との情報が伝わっている。だが結局、追い詰められた平氏は長門《ながと》国彦島《ひこしま》（山口県下関市）に拠点を移し、三月二十四日、同国壇《だん》ノ浦《うら》で義経軍との最後の一戦に敗北して滅亡する。

壇ノ浦合戦の第一報は、兼実のもとには三月二十七日に届いたが、その後、四月三日夜になって、義経からの飛脚《ひきゃく》が京都に到来し、合戦の詳細が明らかになった。それによれば、合戦は三月二十四日の午の刻から日暮れまで、「長門国団（壇）」の海上でおこなわれたが、「伐《う》ち取るの者と云《い》ひ、生《い》け取《ど》るの者と云ひ、其《そ》の数を知らず」という大勝で、惣領《そうりょう》の前内大臣《ないだいじん》宗盛《むねもり》や前大納言《だいなごん》平時忠《ときただ》（清盛の妻時子の兄）らが生け捕りになったという。また、神器《じんぎ》はあったが、「旧主《きゅうしゅ》」（安徳《あんとく》天皇）についてははっきりしないとされている（四月四日条）。

壇ノ浦古戦場跡　山口県下関市

結局、周知のように安徳は入水《じゅすい》していたのであるが、『玉葉』はその後もこのことにはまったくふれていない。兼実が関心をもっていたのは、安徳より神器のゆくえだったのである。ただ、その神器についても、飛脚からの情報は不分明で、兼実は「猶以《なおもっ》て不審有り」と述べている（四月四日条）。彼は何か悪い予感を覚えたのだろうが、これはまさに的中する。四月二十五日、神器は入京し、内裏《だいり》に戻されたが、ここには神器のうち、宝剣《ほうけん》（草薙剣とされる）がなかったのである。兼実はこれを、「頗《すこぶ》る遺恨《いこん》に似《に》たり」と記している（四月二十一日条）。宝剣は一大捜索がなされるものの、その後も現れることはなく、のち伊勢神宮より献上された宝剣を以て代用することで落ち着くことになる。

義経の離反により出された頼朝追討宣旨

こうして平氏一門の滅亡後、頼朝と後白河を中心に新たな体制の構築が進められることになるのだが、その矢先、平氏追討の主役となった義経が頼朝と対立して離反する。文治《ぶんじ》元年（一一八五）十月、義仲と袂《たもと》を分かった叔父行家が、頼朝に従わず敵対しようとしていることが発覚した。そこで、義経は行家の謀反《むほん》を止めさせるよう命じられたのだが、説得は不調に終わり、義経はかえって行家に同調してしまったのである（十月十三日条）。

義経離反の情報は、兼実のもとには同月十三日、側近源季長《すえなが》から伝わった。それによれば、義経離反の原因は頼朝への不満にあったようである。義経は平氏追討で大活躍したが、頼朝は義経の勲功を褒《ほ》めないどころか、かえって義経を排除する姿勢をとったので、義経はこれを怨《うら》みに思っていた、というのである。

そして、十月十六日夜、義経は後白河の御所に参り、頼朝追討宣旨《せんじ》の発給を迫った。義経は「若《も》し勅許《ちょっきょ》無くんば身の暇《いとま》を給《たま》はり鎮西に向かふべし」と言ったというが、後白河はその様子を見て、天皇や院・臣下をことごとく連行するということに違いない、と恐怖を感じたらしい。

翌朝、兼実のもとには、後白河から使者として院近臣高階泰経《たかしなのやすつね》が派遣され、これについてどう対処すべきか、意見を求められた。そこで兼実は、追討宣旨というのは国家に敵対する者に対して下されるものだとし、何の罪科もないのに頼朝に追討宣旨を下すというのは納得がいかないと述べた。しかし、後白河としては、頼朝を実際に追討しようとは心にも思っていないものの、かたちだけでも宣旨を義経に与えてしまおう、と内心決めていたらしい。使者の泰経も、兼実に「（あなたのおっしゃることは）追討を猶予しろということだが、それでは（あなたは）頼朝をかばっているように見られますぞ」と脅《おど》す始末であった。

後白河はほかの公卿《くぎょう》たちからも、この件について意見を聴取したが、このような空気を読んだのか、兼実のほかには目立って追討宣旨発給に反対する者はいなかった。むしろ、左大臣経宗《さだいじんつねむね》が「現在京都にいる武士は義経一人です。その義経の申状《もうしじょう》に背いたなら、もし大事が起こったときに誰が戦ってくれるでしょうか」と主張すると、内大臣徳大寺実定《ないだいじんとくだいじさねさだ》までが同調する有り様で、十八日、後白河は頼朝追討宣旨を下してしまう（十月十九日条）。

しかし、この判断は後白河にとって致命的なミスとなった。義経は追討宣旨を以て武士たちを催したが、義経に味方する武士はほとんど集まらなかった（十月二十二日・二十三日条）。窮《きゅう》した義経・行家は十一月三日、西国に没落していったのである。

一方、こうなると問題になるのが、頼朝との関係の修復である。兼実によれば、十月二十五日、義経に味方する武士が集まらなかった時点で、洛中上下《らくちゅうじょうげ》はあわてふためいたといい、後白河は兼実らに対応を検討させている。兼実は、率先《そっせん》して追討宣旨発給に同意し、宣旨発給の上卿《しょうけい》まで務めた左大臣経宗が「早く弁明の使者を派遣するのが上策《じょうさく》です」と述べたと聞き、変わり身の早さを批判している（経宗はこの後、頼朝に睨《にら》まれ、しばらく干されることになる）。結局、後白河は頼朝に使者を派遣して弁明するのだが、頼朝の怒りは収まらず、朝廷では後白河の政務停止が論じられるなど、しばらく動揺が続いた。

摂関争奪レースのゆくえ

ここで、いったん話を摂関家の問題に切り替え、時間を前に巻き戻そう。義仲が敗れ、基房《もとふさ》・師家《もろいえ》親子が失脚した後、摂政には基通《もとみち》が再任され、基通は摂関家嫡流の座も取り戻していた。だが、基通が摂政になると、彼は政務に疎く、平氏にも近かったという問題が蒸し返されることになる。

こうした中で、寿永三年（一一八四）三月、基房や基通は頼朝に使者を送り、一ノ谷合戦後、ますます存在感を大きくしていた頼朝への接近を図りはじめた（三月二十九日条）。これに対し、兼実は「神仏に奉仕するのみ」と称して、どこ吹く風といった態度を取っていたが、実は頼朝が期待を寄せていたのは、ほかならぬ兼実であった。この頃、頼朝は後白河に兼実を摂政にするよう申し出ていたのである（三月二十三日条）。

兼実と頼朝とは、これまでいっさい接触が確認されていない。では、なぜ頼朝は突然兼実を摂政に推したのか。この背景には、ここまで見てきた兼実の台頭と彼への待望論の高まりがあったようである。そもそも頼朝の周囲には、兼実に近い人物が存在し、兼実を積極的に推していた。たとえば、兼実に近しい源雅頼《まさより》（村上源氏、忠通の従兄弟）の家人《けにん》であった中原親能《なかはらのちかよし》（豊後大友氏の祖）は頼朝近習《きんじゅう》で、「もし天下を立て直さるべくんば、右大臣殿《うだいじんどの》（兼実）世を知《し》ろし食《め》すべし」と語っていた（寿永三年二月一日条）。

また、親能と義理の兄弟にあたり、同じく頼朝に近侍していた中原（大江）広元《ひろもと》（親能・広元はともに中原広季《ひろすえ》の養子）も、京都にいた頃、外記《げき》として兼実に奉仕した経験があった。頼朝が兼実を摂政に推挙したという情報は、広元から養父広季を介して兼実に伝わっており、兼実は親能や広元を通して頼朝とつながっていたと考えられている。

しかし、基通を寵愛する後白河は、兼実を摂政にという頼朝の申し出を黙殺《もくさつ》し、基通をかばい続けた。元暦元年（一一八四）十一月二日には、基通周辺の人が兼実のことを讒言《ざんげん》しているという情報が兼実のもとに伝わっており、兼実はそのために摂政推挙の話がなくなったのか、と嘆いている。摂関をめぐって、水面下で激しい工作活動がはじまっていたのである。

だが、頼朝追討宣旨の発給にともなう政権内のごたごたは、兼実にとっては思わぬ追い風となった。

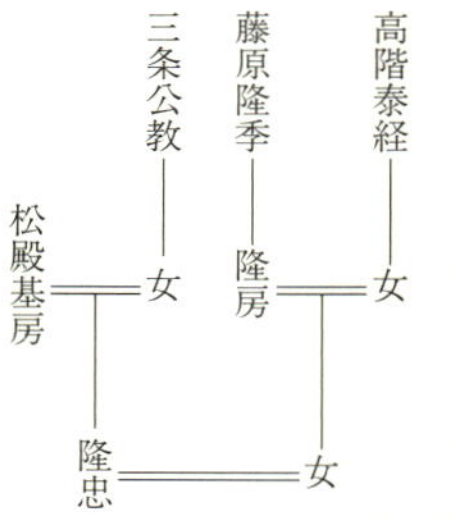

系図12　高階泰経・松殿基房関係系図

後白河は文治元年（一一八五）十一月三日、基通のもとに使者を派遣して、頼朝は「忿怒《ふんど》」しており、自分の運も尽きたといい、去年、頼朝が兼実を推挙した際には、自分が抑留したので「其の意を遂げ」なかったが、もはや頼朝の要求を拒むことはできないので、「右府（兼実）が天下を沙汰するのが最も穏便《おんびん》」であるとして、基通に辞職を勧めたのである（十一月十四日条）。しかも、兼実が頼朝追討宣旨の発給に反対したときの事情が関東に伝わると、関東は兼実に「帰服《きふく》」（畏敬の念を抱く）したとされる（十一月十六日条）。これによって、兼実執政への流れはほぼ固まった。

なお、ここで基房も院近臣高階泰経と結び、「天下を執り行ふべきの由」画策したが（十一月十八日条）、これは頼朝追討宣旨の首謀者と見られた泰経の保身工作だったようで、すでに後白河も兼実を推している以上、最初から基房に勝ち目はなかった（ちなみに元暦元年十二月一日条によれば、泰経の娘と藤原隆房《たかふさ》との間に生まれた外孫が、基房の長男隆忠《たかただ》の妻になっていた）。ここに、基房の没落は決定的になる。

摂政交替をめぐる迷走

このように、摂関をめぐる攻防戦が大きな局面を迎える中、文治元年（一一八五）十一月二十四日、ついに頼朝の代官北条時政《ほうじょうときまさ》が一千騎の軍勢を率いて入京し、頼朝から朝廷への要求が伝えられた。

頼朝はここで義経・行家の捜索・追討のため、全国の荘園公領に地頭を設置させることを認めさせるとともに、後白河の責任を追及し、「天下の草創《そうそう》」として、朝廷の政治改革を要求したのである。

兼実は、当然ここで自分が摂政に推挙されると期待していただろう。だが、頼朝の要求は予想外のものであった。頼朝は摂政の交替までは求めず、兼実には内覧《ないらん》宣旨を下すべき、としたのである。基通が激しく抵抗しているという情報を知り、頼朝は後白河や基通に一定の配慮をしたものと考えられる。頼朝としては、基通を摂政に据え置いたとしても、基通は政務に疎く、兼実が実質政務を主導するものと踏んだのであろう。

しかし、兼実としては、この段階での内覧就任はありえなかった。七七頁でもふれたように、内覧とは関白《かんぱく》に準じて天皇の決裁する文書を内見して天皇を補佐する地位なので、摂政と内覧は一見同格のようである。だが、今度のように天皇が幼少である場合、摂政は天皇の政務を代行するから、内覧は摂政が決裁する文書を内見し、摂政を補佐することになり、摂政と内覧は、ほとんど君主と臣下の関係になってしまうのである（十二月二十七日条）。そこで、彼は内覧宣旨を固辞しようとするのだが、後白河は頼朝の要求をすべて受け入れるようにと指示していたため、内覧の辞退は受け入れられなかった。こうして、十二月二十九日、兼実はしぶしぶ内覧になったのである。

なお、ここで後白河は兼実の内覧就任に不快であったという理解があるが、そうではあるまい。というのも、兼実が内覧となった後の文治二年二月二十日、後白河は兼実に「今に於《お》いては朕《ちん》、天下の事口入《くにゅう》に及ばず、摂政相共《あいとも》に御沙汰《ごさた》有るべきなり」と命じているが、実はすでに前年十一月二十三日の段階で、彼は基通に対して兼実と「万事示し合ひ、沙汰有るべし」と、同じようなことを命じていたからである。ここから考えると、摂政基通・内覧兼実の体制は、基本的に後白河の意向にも沿ったものだったと言えるだろう。後白河としても、自身が政務を退いた後、基通が政務を単独でおこなうことなど考えられないから、兼実が内覧として基通を補佐し、主導するというのは最善の選択だったはずなのである。

しかし、当事者である基通と兼実は、双方ともこれをすんなりとは受け入れなかった。兼実が内覧就任を渋ったのは前述したとおりだが、彼はその後も幼帝のときに内覧が任じられたことは例がないと言って、鎌倉に書簡を送り、内覧の辞退をほのめかした（二月五日条）。一方の基通も、兼実の内覧就任に反発し、政務・儀式への出仕をサボタージュして抗議の意を示した。文治二年正月の叙位《じょい》では、大外記《だいげき》清原頼業《きよはらのよりなり》が叙位勘文《かんもん》（調査書）を基通の邸宅に持参しようとしたところ、追い帰され（正月一日条）、基通は結局、障りを理由にして叙位を執り行わなかったのである（同三日条）。

しかも、こうした中で、二月二十日、後白河も政務執行の放棄を宣言し、朝廷はますます混乱した。後白河院・摂政基通・内覧兼実という朝廷首脳の三者が譲り合い、誰も政務をとりたがらないという異常な事態が発生し、「近日朝務《ちょうむ》偏《ひとえ》に無きが如し」という状況になったのである（二月二十六日条）。兼実は、この原因は自分にあると言って、さらに内覧の辞退を申し出たが、ここで兼実に辞められて困るのは頼朝である。ここに、頼朝は改めて兼実を単独で摂政に任じるよう、後白河に強く迫り、ついに後白河も押し切られることになる。こうして紆余曲折《うよきょくせつ》の末、三月十二日、兼実を摂政・藤氏長者《とうしちょうじゃ》に任じる宣下《せんげ》が下されたのである。この前日、摂政就任を知らせる院宣がもたらされると、兼実もさすがに感無量であったらしく、『玉葉』には「紅涙《こうるい》眼《め》に満《み》つる」と記されている。

第二章　摂政兼実の理想と現実

頼朝・兼実の朝廷改革

では、そもそも頼朝は、兼実を内覧や摂政とすることで何をしようとしていたのか。

頼朝はこの後もただちに上洛するわけでもなく、清盛や義仲のように、傀儡となる摂政を立てて政務の実権を掌握しようとしたわけでもなかった。そのためもあってか、従来の研究では、頼朝の朝廷への政治介入については、「後白河の恣《し》意《い》的な国家運営を抑制しようとした」などという、きわめて中途半端な評価しか与えられていない。

だが、この頃、後白河はここまで見たように何度も政務の引退を表明していた。このことから考えると、やはり頼朝は本来、後白河を追討宣旨発給の責任を取らせて引退に追い込み、兼実を中心にした新たな体制を構築しようと図っていたと見るべきなのではなかろうか。実際、摂政宣下直前の兼実に対して、後白河は「乱世を立て直さるるの条、尤《もっと》も神妙」と語っており、後白河自身も政務をおこなうのは自分ではなく、兼実だと認識していたことがうかがえるのである（文治二年〈一一八六〉二月十一日条）。そして、この後白河の語るところからすると、頼朝は後白河に代えて兼実を政権主導者にして、内乱によって荒廃した国家を再建しようとしていたということになるだろう。

頼朝は、文治元年十二月六日付の書状で兼実への内覧宣下を求めるとともに、兼実のほか、内大臣徳大寺実定（閑院《かんいん》流）、権大納言《ごんのだいなごん》三条実房《さんじょうさねふさ》（同）・中御門宗家《なかみかどむねいえ》（頼宗《よりむね》流）・藤原忠親《ただちか》（摂関家傍流）、権中納言《ごんのちゅうなごん》藤原実家《さねいえ》（閑院流）・源通親《みちちか》（村上源氏）・吉田経房《よしだつねふさ》（勧修寺《かじゅうじ》流）、参議藤原雅長《まさなが》（摂関家傍流）・同兼光《かねみつ》（日野《ひの》流）の九名の公卿を議奏《ぎそう》公卿として、政務をすべて彼らの「議奏」によって執り行うことを求めている（十二月二十七日条）。「議奏」とは、合議内容を天皇に奏上することであり、従来の研究では、政務の決定について、議奏公卿による合議を義務づけ、それによって院の恣意的な決定を抑制するものと考えられてきた。

『前賢故実』に描かれた源頼朝　国立国会図書館蔵

だが、これもあくまで後白河院政の存続を前提とするもので問題がある。実は、後白河の側近である高階泰経は、頼朝追討宣旨の失敗が明らかになった時点で「法皇只《ただ》天下を知《し》ろし食《め》すべからざるなり」「只臣下議奏すべきなり」と語っていた（文治元年十月二十五日条）。「臣下議奏」とは、法皇による院政に対置されるものとして認識されていたことが明らかだろう。議奏公卿とは、後白河院政に代わって政務をおこなう主体だったのである。そして、兼実が摂政になると、彼らは兼実の改革を援護する役割を期待されていたものと考えられる。

では、兼実は国家の再建のため、どのような改革をおこなったのか。

文治三年二月二十八日、里内裏《さとだいり》（本来の内裏の外に設けられた皇居）である閑院第《かんいんてい》に記録所《きろくしょ》が設置され、訴訟の裁定や荘園券契《けんけい》（証拠文書）の調査などに当たった。これは、頼朝の申請によっておこなわれたが、実は兼実の提案によるものであったことが指摘されている。従来、訴訟の裁定は院の評定《ひょうじょう》でおこなわれており、記録所の設置は、院に代わって兼実のもとで訴訟を裁定しようという意思のあらわれであった。

加えて、記録所は後三条天皇のとき以来、たびたび設置されているが、今回の記録所は、従来の記録所とは違い、公事用途勘申《くじようとかんしん》（政務・儀式の費用の調査）の機能もあわせもっていたことが知られる。内乱によって朝廷財政が逼迫《ひっぱく》する中で、兼実は記録所に費用を調査させ、政務・儀式の財源確保を図ったのである。

このほか、文治二年六月三日、大外記清原頼業を召して外記局《げききょく》雑事の復興を命じ、翌文治三年二月二十日には、「近年無きが如し」という御厨子所《みずしどころ》（天皇の食事を掌る役所）の復興を命じたように、「公事興行《くじこうぎょう》」と称して、廃絶・形骸化していた制度や政務の復興も進めている。また、兼実は院政期以降、膨れあがった公卿の人数削減も進めようとしたが、目標としたのは、摂関政治最盛期の道長《みちなが》の頃の公卿定数であった。このことからうかがえるように、兼実が理想としていた朝廷の姿とは、道長の頃のそれであったらしい。

無権の執政、孤随の摂籙

しかし、兼実の政治改革は思うようには進まなかった。なぜなら、兼実が摂政になった後も、引退を示唆したはずの後白河院が実権を手放さなかったからである。当初の予定では後白河は引退していたはずなのに、彼が居座り続けたからこそ、先行研究が説くように、頼朝・兼実の改革は中途半端なものになったのである。

たとえば、院が貴族社会に影響力を保持できる源泉は、彼が人事の全権を掌握していることであったが、後白河は兼実が摂政になってからも、一向に人事権を手放さなかった。そのため、兼実の主張した公卿の人数削減は進まず、兼実の摂政就任後、はじめておこなわれた文治二年（一一八六）十二月十五日の除目《じもく》では、かえって中納言が増員される始末であった。少しのちではあるが、建久《けんきゅう》二年（一一九一）十一月五日、兼実は、除目について「院の叡慮《えいりょ》を察して、そのときの事情を読み取り、繰り返し院に奏上《そうじょう》して、院の意向に沿ったかたちでおこなわなければならない」と述べている。兼実自身、後白河の意志は第一に尊重せざるをえないというのであり、兼実はこうした自分の姿を、「無《む》権《けん》の執政《しっせい》、孤随《こずい》の摂籙《せつろく》（摂関）」と自嘲《じちょう》している。

　こうした中で、兼実が目指した改革の多くが骨抜きにされていく。たとえば、記録所は文治年間（一一八五～八九）にはほとんど機能しなかった。専門職員である寄人《よりゅうど》は、裁定の場である評定《ひょうじょう》にやって来ず、勘文《かんもん》（調査書）の提出も遅れ、提出されたとしても不十分なものであったという（文治四年五月十七日条）。また、兼実の改革を援護する存在として期待された議奏公卿の多くは、この頃、院別当《べっとう》（上級の院司《いんし》）などとして後白河の勢力に取り込まれていった。後白河と側近勢力が政務から退いたように見えたのは、ほんの一時だけだったのである。

　では、なぜ後白河は兼実の摂政就任後も実権を持ち続けたのか。根本的な原因は、先にもふれたように、そもそも頼朝が上洛せず、後白河に代わって実権を持つなどして、積極的に朝廷改革に取り組まなかったことにあるだろう。頼朝は「久しく遠国《おんごく》に住し、未《いま》だ公務の子細を知らず。縦《たと》ひ又子細を知ると雖《いえど》も全く其《そ》の仁《じん》に非《あら》ず候《そうろう》」として、政務は議奏公卿に任せたと語っているが（『吾妻鏡《あづまかがみ》』文治二年四月三十日条）、要するに彼は、上洛して後白河とぶつかった義仲や平氏の二の舞になることを避けたかったのである。

　文治二年三月二十七日には、北条時政が京都を発《た》って鎌倉に帰り、頼朝の妹婿《むこ》である一条能保《いちじょうよしやす》が洛中守護《らくちゅうしゅご》を任されたが、能保は頼宗流出身の中級貴族にすぎず、時政の随兵も多くは鎌倉に帰還した。頼朝は、北条時政に一千騎の軍勢を付けて京都に派遣し、軍事的威嚇《いかく》によって後白河から兼実への政権委譲を進めたのに、気付いたら時政の軍勢は鎌倉に帰っていた。これでは、兼実は最初からはしごを外されていたも同然であろう。

そのうえ、あえて言うなら、兼実の力量不足もあげられる。文治二年二月二十九日、内覧だった兼実は後白河から除目の沙汰を命じられた。このとき、摂政基通は政務をボイコットし、後白河も政務執行の放棄を宣言していたためである。これは見方によれば、兼実にとって本領を発揮できるチャンスでもあったはずである。ところが、兼実は「除目は朝家《ちょうか》の大事なり。偏《ひと》へに計り任ぜしむる事尤《もっと》も恐れ有り」と申して除目の執行を固辞し続け、「（後白河の）分明な御定（命令）がなければ、いっさい執り行うことができません」と言い出す始末であった。これでは、兼実が摂政になったところで、兼実が一人では何もできず、後白河の指示を仰ぎ続けるであろうことは最初から予想できただろう。

結局、兼実は、先に見た建久二年の除目のように、後白河と交渉をし、その意志をくみ取りながらも、自分なりの政策を進めるというあり方に活路を見いだしたようである。前述のように、兼実は頼朝とともに、内乱によって荒廃した国家の立て直しに強い使命感をもっていたのであるが、文治二年、兼実は国家再建策について意見を聴収すること（意見封事《ふうじ》）を後白河に提案し、翌年三月、兼実の主導の下、院宣によって意見の聴取がおこなわれた。兼実は院政という体制の中で自分の使命を果たそうとしたのである。このときの意見封事は、文治三年五月二十三日、十七通の意見が後白河に奏上され、院御所での議定のうえ、建久二年三月二十八日に出された公家新制《くげしんせい》（天皇が出した法令）に反映されたことが明らかにされている。

摂関家領相続をめぐる争い

頼朝は、追討宣旨を出した後白河の政権を倒そうとしたが、頼朝の政治介入は不十分で、後白河の政権はそのまま残ってしまった。これと同じく、頼朝による介入が武力をともなう徹底したものでなかったために、ややこしいことになってしまったのが摂関家の権力継承である。法住寺《ほうじゅうじ》合戦の勝利によって、後白河の院政を停止させた義仲と結んだ基房は、基通から摂関家領や日記、文書といった代々の家産を奪い取って摂関家嫡流《ちゃくりゅう》の地位を手中に収めた。ところが、兼実の場合、摂政には任じられたものの、基通から家産を奪い取れるような強制力はなく、摂関家代々の家産は依然として基通のもとに留め置かれたのである。これは現代でいえば、不祥事を起こして退任した前社長が大量の株式を持ち続け、大株主として企業を事実上支配し続けている、といったようなものだろう。

そこで、兼実は頼朝を後ろ盾に家産の接収を図った。頼朝も、基実没後、後家の盛子が家産を相続し、摂政基房は「氏寺領」しか知行できなかったことがあったが、そのときのことは、平氏による「極めて無道の邪政」だったと言って、兼実を支援したのである（『吾妻鏡』文治二年四月二十日条）。

ところが、これに基通は強く反発して後白河に愁訴した。後白河はこのことを鎌倉に伝えたので、頼朝は摂関家領を分割するという案を提示する。摂関家領の中には、正月儀礼をはじめとする摂関家年中行事の財源として固定された京極殿領《きょうごくどのりょう》という所領群があり、これだけを切り離して兼実に相続させるというかたちで譲歩しようとしたのである。

しかし、京極殿領は摂関家領の核心だけに、基通はこれにも納得しなかった。これ以前、京極殿領は摂関家代々の文書や日記とあわせて相続されていた。したがって、京極殿領が兼実に接収されたとすれば、文書や日記についても兼実に接収された可能性が高い。だとすれば、家産もなく、政務・儀式作法に疎い基通やその子孫はとても摂関家の家格を維持できなかったはずで、これが実現すれば、基通が没落するのは目に見えているのである。

そこで、基通を寵愛《ちょうあい》する後白河も頼朝の提案を受け入れようとはしなかった。文治二年七月三日、後白河が頼朝の提案に対して送った最終的な回答は、「大略《たいりゃく》所領の事、一向《いっこう》前長者（基通）に付すべし」というもので、結局、兼実は日記・文書・荘園といった代々の摂関家に伝わる家産をなに一つ相続できないままに終わった。ここに、基通は摂関の地位を追われたものの、摂関家嫡流としての地位を保持し、兼実は摂関になったものの、嫡流になれないという不安定な状態がそのまま固定化することになったのである（つまり、前述した企業の例で言えば、基通の近衛家《このえけ》はオーナー一族としての地位を確定させ、兼実は一代限りの社長にすぎなくなったということになろう）。

しかも、この争いを契機として、兼実と基通との関係はいっそう悪化した。文治二年四月二十八日、兼実は藤原隆房（善勝寺《ぜんしょうじ》流）から内裏に近い冷泉万里小路第《れいぜいまでのこうじてい》を借用し、九条富小路殿《くじょうとみのこうじどの》から移転した（摂関は内裏近辺に居所を構えるのが通例だったのである）。ところが、五月五日、兼実は基通による「夜討《ようち》」の噂《うわさ》があるとして、急いで九条に戻っている（五月十日条）。兼実と基通は一触即発の状況になっていたのである。

後白河も、頼朝の摂関家領分割案に「逆鱗《げきりん》」したといわれており（七月十五日条）、これをめぐって後白河と兼実との関係も悪化したようである。七月十七日、後白河は頼朝の使者として上洛した中原広元に対し、兼実は自分に対し不忠だ、と伝えていた。また、閏《うるう》七月二日、後白河は側近の藤原定長《さだなが》（勧修寺流）に、「お前の兄光長《みつなが》（兼実の政所執事《まんどころしつじ》）は学があり、たいへん人望もある。しかし、摂政（兼実）の近習であるために、私のことを頻りに馬鹿にし、とりわけ摂政の指示によって太上《だいじょう》天皇（上皇）は天下を治めるべきでないと関東に働きかけている。このことを深く怨みに思っている」と語った。この話を光長から聞かされた兼実は、自分は朝敵《ちょうてき》にされるのではないか、と震え上がっている。

文治二年七月の後白河の回答の後、兼実による摂関家領接収の話がまったく話題にも上らなくなったのは、このように兼実が後白河とのさらなる関係悪化を恐れたためだろう。九月五日、兼実は「近日の事、余自専《よじせん》に及ばざる者か。虎の尾を踏むを危《あや》ぶむの故《ゆえ》なり」と記しているが、摂関家領の問題はまさに「虎の尾」だった。後白河の強い反発の前に兼実は戦々恐々《せんせんきょうきょう》で、家領相続を断念せざるをえなかったのである。

跡継ぎ良通の急死

ところで、頼朝による朝廷介入のきっかけとなった義経・行家はその後どうなったのか。行家については、文治二年（一一八六）五月十五日、和泉国で捕縛《ほばく》、斬首《ざんしゅ》されたが、義経については、その後もなかなかゆくえがわからず、捜索が続いた。

　こうした中、文治四年に入ると、事態が大きく展開していく。この年正月九日、兼実は伝聞情報として義経が奥州《おうしゅう》におり、藤原秀衡《ひでひら》によって隠し置かれていた、と記している。秀衡は、前年十月二十九日に死去したが、その際二人の息子に向かい、「義経を主君《しゅくん》とし、二人ともお仕えしなさい」と遺言した。そこで、彼らは一味同心《いちみどうしん》して頼朝を襲う計画を練っているというのである。そして、二月に入ると、頼朝からも義経が奥州にいるというのは本当で、朝廷から秀衡の子息たちに対して、義経を追討せよとの宣旨を下してもらいたいとの要請があった（二月十三日条）。この結果、二月十四日、改めて追討宣旨が下されたのである。

九条良通　「天子摂関御影」　宮内庁三の丸尚蔵館蔵

　このように義経問題が大きく動き、世間が騒然し、多忙を極めていた矢先、兼実は突然の不幸に見舞われた。二月二十日、跡継ぎの良通が二十二歳の若さで急死したのである。

　良通は兼実に似て生来病気がちで、二月の初めにも病気で臥《ふ》せっていたが、十八日には回復したといって兼実のもとを訪れていた。亡くなる前日の二月十九日は忠通の忌日《きにち》（命日）で、九条堂《くじょうどう》（証真如院《しょうしんにょいん》）でおこなわれた恒例舎利講《こうれいしゃりこう》には、兼実と並んで良通も聴聞していた。その後、兼実は良通と同車して帰宅したが、車中で兼実は法華経《ほけきょう》を読誦《どくじゅ》し、良通はそれを穏やかに聞いていたという。また、冷泉万里小路第への到着後も、しばらくは兼実や母の兼子と話をしていた。そして、子の刻《ねこく》（午前〇時頃）、良通は自宅に帰り、兼実は就寝した。

ところが、しばらくすると、良通に仕える女房帥局《そちのつぼね》が慌《あわ》てふためいて駆け込んできた。良通が「絶え入る（息絶えている）」というのである。兼実が「劇速《げきそく》」にして行ってみると、そこにあったのは、息絶え冷たくなった良通の姿であった。跡継ぎに先立たれ、悲しみに暮れた兼実は、二月二十日以降、五月九日まで日記を書くのを止めている。

良通の没後、兼実は二男良経を跡継ぎとした。だが、兼実の悲しみは四十九日を過ぎても癒やされず、『玉葉』には「悲涙乾《ひるいかわ》くこと無し」と記されている（四月九日条）。翌文治五年八月一日、兼実は初めて法然《ほうねん》（源空《げんくう》）を邸に招き、往生《おうじょう》について談じている。兼実には以前より「遁世《とんせい》の志」があり（寿永二年九月一日条）、すでに密かに「真理《しんり》」という法名も付けていたが（治承《じしょう》五年三月二十日条）、良通の死はいっそう遁世への思いを募らせたのである。

なお、兼実は良通の没後、良通の思い出が残る冷泉万里小路第には住めなくなってしまったようで、九条富小路殿に戻ってしまった。これに対して、後白河は摂政に「京御所」がないのは不便だと言って、

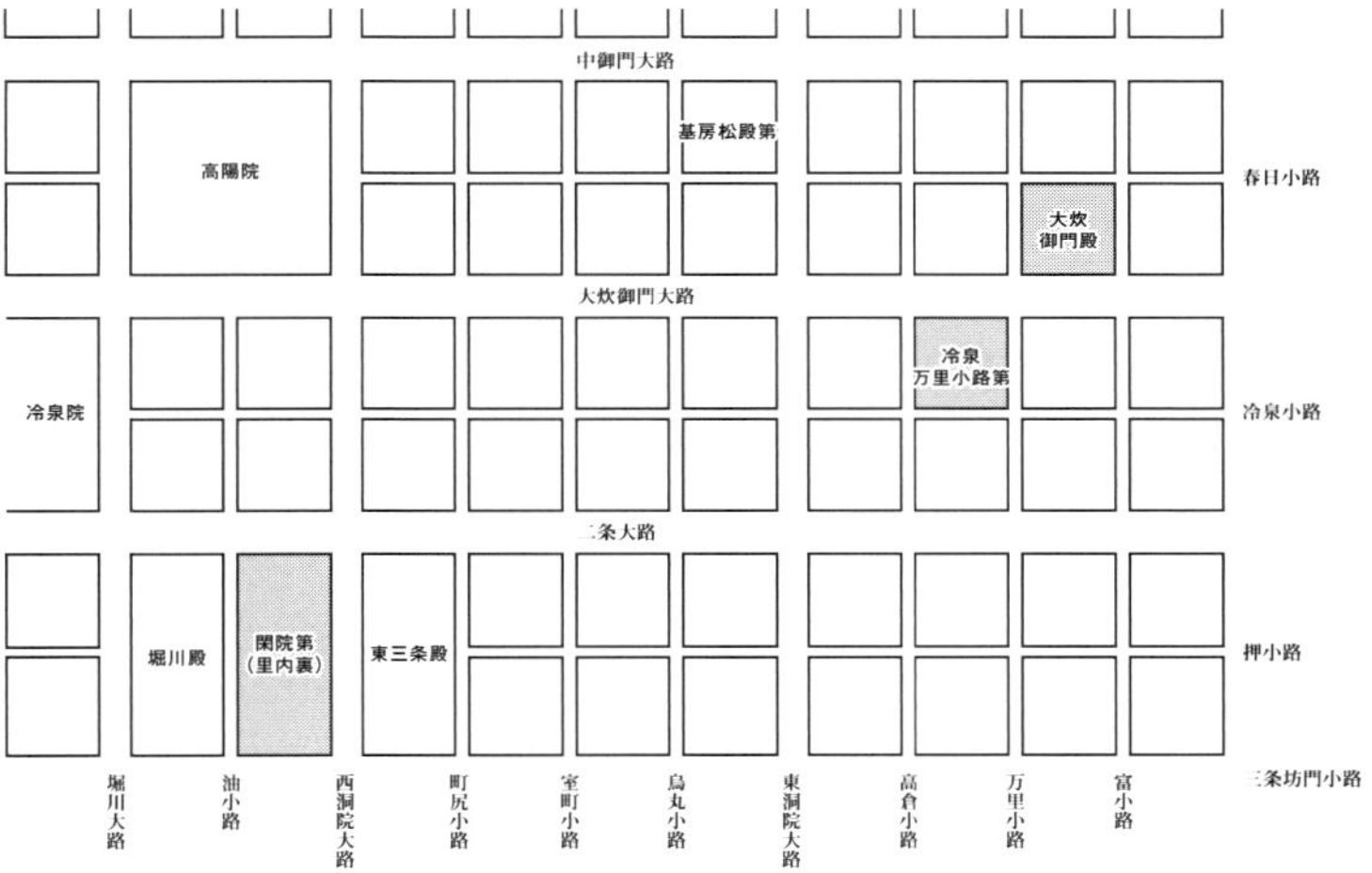

図４　大炊御門殿周辺図

大炊御門殿《おおいのみかどどの》を与えた（文治四年七月一日条。当時、九条は「京内」とは見なされていなかった）。大炊御門殿はもともと左大臣経宗の邸宅で、仇敵の旧邸に住むことになったというのは、なんとも皮肉な話である。

興福寺の再建事業

この頃、国家再建の一環として、兼実が精力的に取り組んでいた事業に、東大寺・興福寺といった南都（奈良）の諸大寺の復興があった。治承四年（一一八〇）十二月、平氏の軍勢の攻撃によって焼失した東大寺・興福寺の復興事業は、平氏滅亡後、頼朝の支援もあって本格的に進められていた。兼実は摂政と同時に藤原氏の氏長者《うじのちょうじゃ》（藤氏長者）でもあったから、中でも藤原氏の氏寺である興福寺の再建事業は、兼実の直接的な指揮のもとでおこなわれたのである。

近年の研究によれば、興福寺の再建事業は兼実の藤

興福寺南円堂　奈良市

氏長者就任前からはじめられていたものの、その進み具合は順調なものとは言いがたく、兼実の指揮の下で急速に進展していったことが指摘されている。事実、文治四年（一一八八）正月二十九日、兼実によって中金堂《ちゅうこんどう》と南円堂《なんえんどう》の上棟《じょうとう》がおこなわれたが、兼実はこれについて、「去る治承四年十二月、灰燼《かいじん》となってから八年、造営料を賄わせるための功国《こうこく》が与えられるということになっていたものの、まったくその沙汰がなされなかった。自分が藤氏長者の職務を受けてから、再三奏聞《そうもん》をおこない、去々年《きょきょねん》（文治二年）初めて伊予《いよ》・因幡《いなば》両国が与えられた」と語っている。兼実は長者に就任すると、後白河と粘り強く交渉するなどして、事業が進むべく政治的努力を続けていたのである。

現在、興福寺南円堂に安置されている本尊の不空羂索観音像《ふくうけんさくかんのんぞう》は、このときの再建事業でつくられたもので、この仏像がつくられる過程は、『玉葉』にもくわしく記されている。南円堂不空羂索観音と四天王像《してんのうぞう》・六祖師像《ろくそしぞう》の制作は当初、最勝金剛院《さいしょうこんごういん》の南廊《なんろう》を仏所《ぶっしょ》としておこなわれ、のち興福寺内の一《いち》乗院《じょういん》に移された。兼実は文治四年六月十八日、造仏始《ぞうぶつはじめ》の儀式に参加して、仏師康慶《ぶっしこうけい》（運慶《うんけい》の父）と対面し、翌文治五年八月二十二日にも、南都に下向して興福寺の造営を検知《けんち》するとともに、康慶の仏所を訪ねて完成間近の像を拝していたのである。完成間近の像を見た兼実は、仏像の顔かたちに不審があるということで、翌日再び仏所に参り、康慶に指示をしたところ、康慶は「大略承伏《たいりゃくしょうふく》」したという。このことから、現在伝わる不空羂索観音像の顔かたちには、兼実の意向が反映されていると考えられている。

このような興福寺の再建事業は、基通との摂関家嫡流をめぐる争いに敗れた兼実にとって、自分の摂関・藤氏長者としての正統性を示す絶好の機会となったといえるだろう。兼実が素晴らしい成果を残せば残すほど、彼こそが藤氏長者にふさわしい人物であることが周知されるのである。しかも、それに加え、ここには兼実の個人的な祈願も込められていた。

『仏像図彙』に描かれた南円堂の不空羂索観音像　国立国会図書館蔵

文治五年九月二十八日、不空羂索観音像の開眼《かいげん》供養《くよう》に参列した兼実は、一心に「天下幷《なら》びに家門《かもん》の事」「入内《じゅだい》の事」を祈っていた（娘任子の入内については次章を参照）。また、不空羂索観音像の造仏が最勝金剛院でおこなわれていた時期、良通の一周忌の仏事もまた最勝金剛院でおこなわれていた事実から、近年、この不空羂索観音像が良通の一周忌のための本尊としても使用されていた可能性が指摘されている。思い通りにならない政権運営と、そうした中で現れた娘の入内への希望、そして愛息との別離。興福寺再建事業には、この時期に抱えていた兼実のさまざまな思いや願いがつまっていたのである。

第三章　短命に終わった兼実政権

娘・任子を入内させる

文治五年（一一八九）閏四月三十日、奥州で義経が藤原秀衡の子泰衡《やすひら》に討たれ、さらに同年八月、泰衡が義経をかくまったとして頼朝に追討されると、長かった内乱は終結し、世の中は落ち着きを取り戻していった（なお、残念ながら『玉葉』には、奥州合戦の記述はほとんど見られない）。こうした情勢の変化を背景として、折り合いの悪かった後白河と兼実との関係も融和が図られるようになった。このことを象徴するのが、前述した兼実の娘任子の入内である。

任子の入内が後白河によって許されたのは、義経が討たれる二ヶ月ほど前の文治五年四月三日のことである。兼実はこの日、「宸筆《しんぴつ》の勅報《ちょくほう》」を得て、「歓喜の思ひ、千廻万廻《せんかいまんかい》」と記している。その後、六月十六日には入内沙汰始《さたはじめ》があり、入内の日程が決められた。十一月十五日には任子は三位《さんみ》に叙《じょ》され、ここで「任子」という名前も定められた。また、同日のうちに入内雑事が定められて、兼実の側近である源季長らが家司《けいし》・職事《しきじ》に任じられた。そして、翌年正月十一日に任子は入内し、四月二十六日に立后《りっこう》して後鳥羽《ごとば》天皇の中宮《ちゅうぐう》になったのである。

文治五年十一月二十八日、兼実は入内の成功を祈り、藤原鎌足《ふじわらのかまたり》・不比等《ふひと》・道長という三人の先祖の墓に使者を派遣した。これは前例のないことであったが、兼実は「入内の本意、只皇子降誕《ただこうたん》に在る」ためだと述べている。三人の先祖のうち、鎌足は「氏《うじ》の始祖」だが、不比等は「我が氏王胤出来《うじおういんしゅったい》し給《たま》ふ始め」、道長は「帝《みかど》の外祖《がいそ》」として一族に特別に繁栄をもたらした先祖であった。つまり、兼実は天皇の外戚《がいせき》として成功した先祖に祈り、自分もそのような先祖たちにあやかろうとしたのである。

そもそも、摂関家では頼通以降、養女が皇子を産んだり、娘が天皇の養母になることはあっても、実の娘が皇子を産むことは絶えていた。嫡流をめぐる基通との争いに敗れ、摂関としての正統性に乏しい兼実としては、外戚の地位は何としても手に入れたいものだった。任子に皇子が生まれれば、摂関にして外戚という道長以来の立場に立つことができる。任子の入内は、兼実にとって一発逆転の大きなチャンスだったのである。

なお、任子の入内に先だって文治六年正月三日、後鳥羽天皇は元服したが、兼実は天皇の加冠《かかん》役を務めるため、先例にならって太政大臣《だいじょうだいじん》に任じられた（たとえば、高倉《たかくら》天皇の元服時も基房が太政大臣に任じられ、加冠役を務めた）。そして、翌建久二年（一一九一）十二月十七日には、摂政を辞し、関白として天皇を補佐することになる。

頼朝との初対面

任子が入内したのと同じ建久元年（一一九〇）の十一月、ついに頼朝が上洛して後白河・兼実と対面した。奥州藤原氏の滅亡によって、ようやく関東を留守にできる状況が生まれたことによるもので、これも内乱の終結という大きな時代の変わり目を象徴する出来事だったと言えるだろう。

頼朝は十一月七日、京都に到着して六波羅新造第《ろくはらしんぞうてい》に入り、権大納言・右近衛大将《うこのえのたいしょう》に任官した。十二月十四日には京都を発って鎌倉へと帰ったが、この間の十一月九日、頼朝は参内《さんだい》して清涼殿《せいりょうでん》の鬼間《おにのま》で兼実と対面している。そこで頼朝が兼実に語った言葉は、やはりこの日の『玉葉』にくわしく記されているのだが、それによれば、まず頼朝は、「自分は八幡《はちまん》（源氏の氏神）の託宣《たくせん》によって全面的に天皇に服従し、百王《ひゃくおう》（百代の天皇）をお守りすることにしました。現在の天皇のことは並ぶ者がないほどに仰《あお》ぎ奉《たてまつ》っています。しかし、現在は法皇が天下の政《まつりごと》を執《と》っておられます。そこでまず法皇に服従したのです」と語ったという。このあたりは頼朝追討宣旨の後、兼実を内覧・摂政に推挙しながらも、後白河院政の存続を是認してしまったことへの弁解だろう。

また、兼実のことについても、「外から見れば疎遠のように見えるかもしれませんが、実際は疎略《そりゃく》にしているわけではありません。深く思うことがあり、また、院を恐れたために疎略のように示していただけなのです」と語った。頼朝にとっても、後白河院政が存続した時点で兼実の利用価値は半減していたのであるから、兼実を疎略に扱うのは当然で、これも兼実に対するリップサービスだろう。

ただ、これに続けて「現在の天皇は幼年でいらっしゃる。あなたにはこれからの人生がまだはるか残っています。頼朝にまた運があるならば、政治はどうしてもとのあるべき姿に戻らないことがあるでしょうか。現在はすべて法皇にお任せしているので、すべてが叶わないのです」と述べた部分については、兼実も「はなはだ深甚（奥深い）なり」と記しており、彼の心に刺さったようである。現在は後白河が政務を牛耳っており、どうにもならないが、後白河が亡くなれば、頼朝は兼実を支持して改革を進めるつもりがある、というのであり、頼朝は兼実の今後に期待を持たせたのである。

後白河の死と兼実政権の始動

そして、それから一年半後の建久三年（一一九二）三月十三日、ついにその時が来た。後白河が六十六《ろく》条西洞院殿《じょうにしのとういんどの》で六十六年の生涯を閉じたのである。

兼実は、『玉葉』において後白河の死を記した中で、後白河について「生まれながらに思いやりがあり、世の中に慈悲を与えていた。仏教の徳に帰依することは、（仏教興隆で有名な）中国・梁《りょう》の武帝《ぶてい》にも勝《まさ》るほどであった。ただ残念なのは、（天皇が親政をおこなった理想的な時代である）延喜《えんぎ》・天暦《てんりゃく》の古《こ》風《ふう》を忘れてしまったことだ」と記している。後白河といえば、『玉葉』には信西《しんぜい》の語った言葉として、「和漢の間、比類《ひるい》少なきの暗主《あんしゅ》なり」という、有名な後白河評も載せられている（寿永三年〈一一八四〉三月十六日条）だけに、没後の批評は兼実にしてはかなり控え目と言わざるをえない。

それはともかく、後白河の死によって、兼実は関白として政務の実権を掌握することになった。翌年四月二十日、摂関になって以来、初めての賀茂《かも》詣《もうで》が盛大に執り行われたのは、時代の変化を見せつけるものであっただろう。摂関賀茂詣は摂関家恒例の年中行事であるが、平安時代末期以降、おこなわれないことも多く、兼実もここまで「連々《れんれん》相障《あいさわ》り」ありと称して、おこなってこなかった。賀茂詣の復活は、摂関政治の再興を意味するものだったのである。

こうした中で、これまで彼がやろうとしながらも、後白河の抵抗に遭ってできなかった政策もようやくにして実を結んでいく。たとえば、記録所は活発な活動を見せるようになり、記録所評定で銭貨流通の是非までが論じられているように（建久四年二月二十六日条）、兼実の政策に対する諮問機関としても機能するようになっていった。また、公卿人事でも、兼実は死没者の補充人事をおこなわず、大納言・中納言の数は後白河院政開始以前の状態に戻された（『官職秘抄《かんしょくひしょう》』）。

後白河天皇陵　京都市東山区

兼実は、後ろ盾となる頼朝に対しても、後白河が没した直後の建久三年七月、「法皇崩御《ほうぎょ》の後、朝政《ちょうせい》の初度《しょど》」ということで、彼を征《せい》夷《い》大将軍《たいしょうぐん》に任じた（『吾妻鏡』七月二十六日条）。実は、頼朝は兼実に対面したとき、自分は「已《すで》に朝《ちょう》の大将軍《たいしょうぐん》たり」とも語っており（建久元年十一月九日条）、兼実はそれを制度的な地位にし

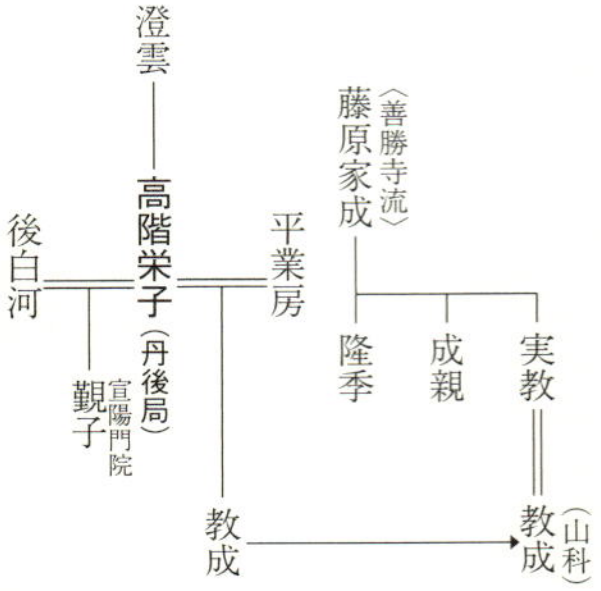

系図13　丹後局関係系図

たのである。

なお、近年の研究によれば、頼朝は「大将軍」の地位を望んでいたものの、当初から具体的に征夷大将軍という職名まで考えていたわけではなかったことが明らかになっている。征夷大将軍とは、朝廷の中で、候補にあがった征夷大将軍・征東《せいとう》大将軍・惣官《そうかん》・上将《じょうしょう》軍《ぐん》の中から「吉例《きちれい》」として選択されたものにすぎなかったのである。

一方、後白河院の没する直前、後白河の愛妾である丹後局《たんごのつぼね》（高階栄子）は、後白河の近臣であった源通親（村上源氏）、後白河の皇子である梶井宮承仁法親王《かじいのみやしょうじんほっしんのう》らと示し合わせ、播磨・備前に巨大な荘園を立荘《りっしょう》したが、後白河が没すると兼実はこれをすべて停廃《ちょうはい》してしまったという。これは、『愚管抄《ぐかんしょう》』（巻第六）にしか見られない話だが、兼実は後白河の死の直前である建久三年二月十七日、院の北面下﨟《ほくめんげろう》らが競って「新立庄《しんりつのしょう》」を立てているとし、「甚《はなは》だ不便。然《しか》れども力及ばず」と述べているから、これはおそらく事実だろう。

丹後局は治承三年の政変以後、後白河に寵愛された女房で、後白河との間に皇女覲子内親王（宣陽《せんよう》門院《もんいん》）まで儲けたが、もともとは澄雲《ちょううん》という延暦寺《えんりゃくじ》の僧侶の娘で、後白河の近臣平業房《なりふさ》（桓武平氏傍流）の妻であった。彼女について、兼実は「卑賤《ひせん》の者」という扱いで（文治三年二月十九日条）、後白河生前から良い印象を持っていなかった。そこで、後白河が没すると、兼実は彼女たちを改革に対する抵抗勢力として排斥し、その利権にメスを入れようとしたのである。

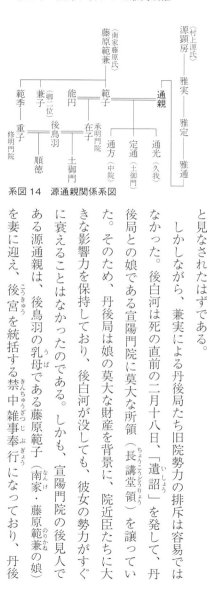

建久四年十二月十五日には、兼実は、丹後局と親しく、業房との間に生まれた教成《のりなり》を猶子《ゆうし》としていた藤原実教《さねのり》（善勝寺流、成親《なりちか》の弟）の左近衛中将《さこのえのちゅうじょう》の職を解任した（十二月六日条）。実教は参議と左近衛中将を兼任していたが、これは「宰相中将《さいしょうちゅうじょう》」といって、上級貴族の昇進ルートに位置づけられる地位であり、「諸大夫《しょだいぶ》」身分である実教には似つかわしくないと判断されたらしい。後白河は身分の高下によらず、側近に破格の出世を許したが、兼実は昇進ルートを身分によって厳格に規制しようとしたのである。このことは実教だけでなく、兼実が「卑賤の者」と見なした丹後局自体への挑発と見なされたはずである。

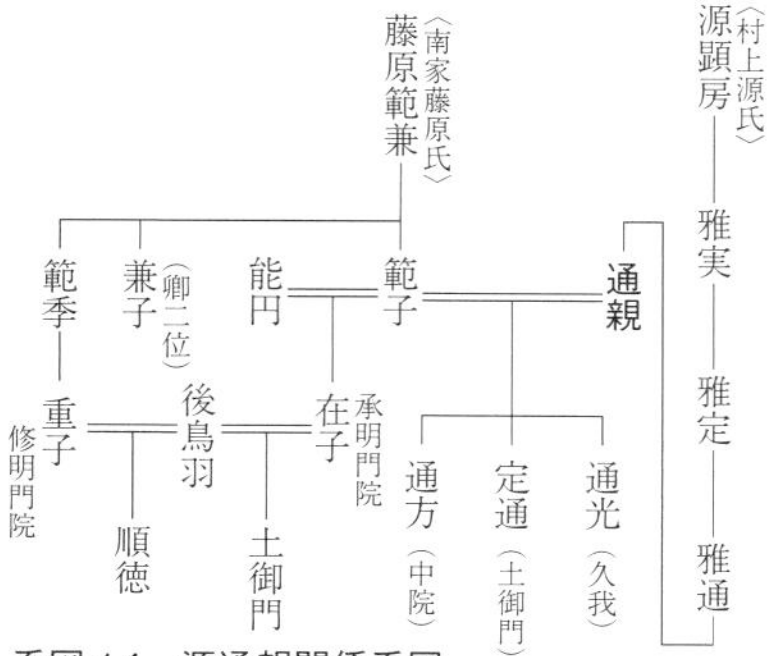

系図14　源通親関係系図

しかしながら、兼実による丹後局たち旧院勢力の排斥は容易ではなかった。後白河は死の直前の二月十八日、「遺詔《いしょう》」を発して、丹後局との娘である宣陽門院に莫大な所領（長講堂領《ちょうこうどうりょう》）を譲っていた。そのため、丹後局は娘の莫大な財産を背景に、院近臣たちに大きな影響力を保持しており、後白河が没しても、彼女の勢力がすぐに衰えることはなかったのである。しかも、宣陽門院の後見人である源通親は、後鳥羽の乳母《うば》である藤原範子（南家《なんけ》・藤原範兼《のりかね》の娘）を妻に迎え、後宮《こうきゅう》を統括する禁中雑事奉行《きんちゅうざつじぶぎょう》になっており、丹後局一派の影響力は後宮にまで及んでいた。こうした中で、丹後局たちは、かえって兼実の措置に対して反発し、兼実の追い落としを図っていくことになる。

興福寺中金堂供養に見えるおごり

その話の前に、もう一度、興福寺の復興事業について見ておこう。兼実が摂政就任後、藤氏長者として興福寺の再建に積極的に取り組み、文治五年（一一八九）九月には、南円堂不空羂索観音像の開眼供養がおこなわれたことは前章で述べたとおりだが、兼実政権が成立すると、兼実はいっそう復興事業に力を注いだ。そして、建久五年（一一九四）九月二十二日、ついにその中核である中金堂が完成し、兼実によって供養が盛大に執り行われたのである。

興福寺中金堂の本尊は、藤原氏の始祖である藤原鎌足の姿を模して作られたとされる丈六《じょうろく》の釈迦《しゃか》如来《にょらい》で、治承四年（一一八〇）十二月、平氏の焼き討ちに遭って焼失した。ところが、実は炎上翌日、その眉間《みけん》に納められていた銀仏《ぎんぼとけ》だけが発見されており、兼実によって中金堂供養の直前、鋳直《いなお》された。近年の研究では、この銀仏を兼実が自ら慎重に南都へ運び、供養式の前日、銀仏を眉間に奉納したことが注目されている。本尊眉間の銀仏は、実は鎌足の持仏《じぶつ》とされており、兼実が自らこれを奉納したのは、正統な藤氏長者であることをアピールするためのパフォーマンスであったと考えられるのである。

また、翌日の中金堂供養は、あいにくの悪天候ではあったが、公卿二十六名が参加し、「藤氏上達部《とうしかんだちめ》（公卿）、地を払い（すっかり）下向」といわれた（『仲資王記《なかすけおうき》』）。このことは、これを執り行う藤氏長者である兼実の威光を見せつけるものであったと言えるだろう。

ただ、こうした自信の高まりはおごりにもつながっていく。中金堂供養の前日、奈良に着いた兼実は、藤原氏出身の公卿・殿上人《てんじょうびと》たちを引き連れて、氏神である春日社《かすがしゃ》にも参詣している。このとき、中納言以下の公卿が騎馬で兼実に付き従ったが、これは天皇の行幸《ぎょうこう》・上皇の御幸《ごこう》にならったもので、『愚管抄』（巻第六）は、「アマリナル事（度を超したこと）ナリト人思ヒケリ」との批判があったことを伝えている。兼実は自分の権勢を誇るあまり、天皇に僭越《せんえつ》するような振る舞いも見られたというのである。

この頃、兼実のおごりがうかがえる事例はほかにもある。建久六年の元日、兼実は自邸の正月拝礼の後、参列した公卿・殿上人に天皇の実母である七条院《しちじょういん》殖子の拝礼に参るよう促しながら、自分は参列しなかった。父忠通《ただみち》が美福門院《びふくもんいん》の拝礼に参列しなかった例にならったものだとしているが、これは実際には殖子が「諸大夫」身分出身だったためのようである。理由はともかく、天皇から見れば、このことは天皇をないがしろにしているように映っただろう。兼実の態度はやがて、天皇や貴族たちの反発にもつながり、兼実は足をすくわれていくことになる。

突然の失脚に見え隠れする入内問題

ところで、南都ではこの頃、諸寺院の再建供養が相次ぎ、興福寺中金堂に続いて、建久六年（一一九五）三月十二日には東大寺大仏殿《とうだいじだいぶつでん》も再建供養された。これには後鳥羽天皇が行幸し、兼実も天皇に従って供養の式典に参列したのだが、これにあわせて頼朝が二度目の上洛を果たした。頼朝は、大仏殿再建に多大な支援をおこなっていたのである。

三月三十日、兼実は京都で頼朝と再会した。これについて、『玉葉』には「雑事を談ず」とあるのみで、具体的に何を話したのか知ることができない。ただ、頼朝は前回会ったときより、兼実に対してさらに冷淡になっていたようである。というのも、『玉葉』四月一日条には「頼朝卿《きょう》、馬二疋《ひき》を送る。甚《はなは》だ乏少《ぼうしょう》、之《これ》を如何《いかが》せん」と記されている。頼朝から送られた馬は、兼実が予想していたより少なかったのである。

頼朝は前回上洛したとき、兼実に後白河の没後、兼実の後ろ盾となり一緒に改革を進めるようなことを示唆していた。にもかかわらず、後白河が没した後、二度目に上洛した際には、なぜ兼実に対して冷淡だったのか。この理由は、頼朝の娘の入内計画にあると考えられている。この頃、頼朝は娘の大姫《おおひめ》を後鳥羽天皇に入内させようと図っていた。頼朝の娘が入内するとの噂は、『玉葉』には、後白河死去の前年である建久二年四月五日条に初めて登場する。しかし、兼実はすでにその前年、娘任子を入内させていた。頼朝の娘が入内して皇子でも生まれてしまえば、兼実は念願の外戚にはなれなくなってしまう。ここに両者の利害は対立し、その関係は急速に冷え込みはじめたのである。

こうした中で、逆に頼朝との距離を縮めていったのが、兼実と対立関係にあった丹後局や源通親であった。前述のように、通親の妻範子は後鳥羽の乳母であり、通親や丹後局は後宮に絶大な影響力を持っていた。そこで、かれらは入内問題を餌《えさ》にして頼朝に近づき、しだいに連携するようになっていたのである。頼朝が二度目の上洛に当たり、三月十六日、まず一番に宣陽門院に面会したことや、同二十九日、六波羅に丹後局を招き、砂金三百両《りょう》を納めた銀箱などを与えたこと（いずれも『吾妻鏡』）などは、馬二疋だけであった兼実に対して、頼朝がいかに丹後局たちを重視していたかを物語っている。

東大寺大仏殿　奈良市

しかも、四月二十四日には、頼朝は丹後局から長講堂領七ヶ所の再建を頼まれ、これを請け合ってしまっている（『吾妻鏡』）。この七ヶ所には、彼女たちが後白河の没する直前に立荘し、兼実によって停廃された荘園も含まれていたと考えられている。丹後局は、頼朝と結ぶことで、さっそく巻き返しに動きはじめたのである。
ただ、実はこの頃、兼実の娘である中宮任子は懐妊していた。皇子が生まれれば、兼実は念願の外戚である。だからこそ、これまで兼実を支えてきた頼朝が兼実から距離を置き、対立する丹後局に接近しても、兼実は余裕を持ってこれをながめることができたのであろう。ところが、建久六年八月十三日、任子が産んだのは皇女（昇子内親王）であった。兼実の家司であった三条長兼《さんじょうながかね》（勧修寺流）によれば、兼実は皇子誕生のための祈願を前代にもまして盛大におこなっており、「きっと皇子が誕生するだろうと世間では言われていたのに、このようなことになり、たいへん遺恨《いこん》を残すことになった」と記している（『三長記《さんちょうき》』）。ここに、急速に兼実政権はぐらつきはじめる。

こうなると、旧院近臣勢力はますます勢いづくことになる。なかでも源通親は、頼朝や天皇に近づいて、天皇には頼朝が兼実のことを悪く言っていたといい、頼朝には天皇と兼実との関係が悪いと伝えて、兼実と頼朝・天皇との離間工作を進めていった（『愚管抄』巻第六）。この結果、建久七年十一月二十五日、ついに兼実は関白の職を追われ、任子は内裏を追い出された。天台座主《てんだいざす》であった同母弟の慈円《じえん》も座主を辞任し、同じく同母弟の太政大臣兼房《かねふさ》まで辞任に追い込まれた。息子の内大臣良経は難を免れたものの、兼実の近親者はほとんどが要職から一掃されたのである。これを建久七年の政変という。

なお、頼朝の大姫入内工作については、建久八年七月、大姫の死去によって頓挫《とんざ》した。頼朝はその後も大姫の妹である乙姫《おとひめ》（三幡《さんまん》）の入内を画策したが、それが実現しないまま、建久十年、頼朝は死去した。頼朝は兼実との関係を壊してまで娘の入内工作を進めたが、結局得たものは何もなかったのである。

第四章　晩年の兼実と九条家

摂関九条家の確立

兼実が失脚した後、後任の関白には、近衛基通が復任した。基通は関白になると、文治元年（一一八五）以来、十年にわたる積年の恨みを晴らさんとばかりに、通親と結んで兼実に攻勢をかけはじめる。まず、『愚管抄』（巻第六）によれば、基通や通親たちは兼実を流罪にしようとしたという。また、『三長記』建久七年（一一九六）十一月二十八日条によれば、九条殿に参る人は関東（鎌倉幕府）によって処罰されるとの風聞が流れたというが、これも基通側の流した流言だろう。基通たちは、ここで一気に兼実の九条家をつぶそうとしたのである。情勢は保元《ほうげん》の乱のときの頼長《よりなが》とよく似ており、兼実は危機的な状況に立たされたと言っていいだろう。

このときは結局、天皇の反対もあって兼実が流罪になることはなかったが、建久九年正月、後鳥羽天皇が退位し、その皇子である土御門《つちみかど》天皇が即位すると、再び兼実に危機が訪れる。実は土御門の母は、通親の妻藤原範子と前夫能円《のうえん》（法勝寺執行《ほっしょうじしぎょう》）との娘在子であり、土御門の即位によって通親が天皇の外祖父《がいそふ》になったのである。この頃の通親について、兼実は「源博陸《げんはくりく》」（「博陸」とは関白のこと）と呼ば

九条良経　「天子摂関御影」　宮内庁三の丸尚蔵館蔵

れていたといい、「今外祖《いまがいそ》の号《ごう》を仮《か》り、天下を独歩《どっぽ》するの躰《てい》、只以《ただもっ》て目《もく》すべきか」と評している（建久九年正月七日条）。

　こうして、全権を掌握した通親は思うがままに人事をおこない、建久九年正月十九日、良経の左近衛大将を辞めさせて、後任に基通の嫡子家実《いえざね》を任じた。そして、これとともに重要なのは、このとき良経に太政大臣昇進の話が持ち上がっていたことである。太政大臣への昇進というと、良経にとってよいことのように聞こえるかもしれないが、建久二年三月十日、同母弟兼房が太政大臣になったとき、兼実が「太相《だいしょう》（太政大臣）、近代大略《たいりゃく》棄て置くの官」と記しているように、太政大臣はこの頃、これといった職務のない、名誉職になり果てていた。

　しかも、安元《あんげん》三年（一一七七）正月、藤原師長《もろなが》（頼長の子）が太政大臣への就任を望み、「永く執政《しっせい》の思ひを絶つ」と述べたように（同年正月二十三日条）、太政大臣になると、摂関にはなれないと考えられていた。人臣最初の摂政である良房を除き、太政大臣になってから摂関に任じられた者はいなかったのである。そこで、良経の太政大臣昇進の話が出ると、九条家の家中では「絶望」といわれた（『明月記《めいげつき》』建久九年正月八日条）。これが現実となれば、兼実は息子に摂関を継がせることができず、一代限りの摂関で終わってしまうのである。

しかし、ここで後鳥羽上皇は良経を太政大臣には任じず、かえって翌正治《しょうじ》元年（一一九九）六月二十二日、左大臣に任じて厚遇した。良経は建久七年の政変以来、籠居《ろうきょ》して朝廷に出仕していなかったが、正治元年十二月には後鳥羽の命令で兵仗《へいじょう》（護衛の武官）を与えられ、出仕を果たした。そして、建仁《けんにん》二年（一二〇二）十月二十一日、通親が急死すると、十二月二十五日、基通は摂政を解任され、良経が摂政となるのである（ただし、このときも、良経は兼実のときと同じく十一月二十七日にいったん内覧とされている）。

近年の研究では、後鳥羽と兼実の関係は必ずしも良好ではなく、天皇との関係悪化が失脚の要因になったとの説も出されている。成長した後鳥羽にとって、兼実の存在は邪魔だったのである。しかし、だとすれば、それにもかかわらず後鳥羽が、基通や通親の言に従って兼実父子をつぶしてしまわなかったのはなぜなのか。

実は、良経が摂政に就任した後、基通は後鳥羽の命により閉門・籠居を命じられたのだが、十二月二十六日には閉門処分を解かれている。また、基通の嫡子家実も十二月二十三日には出仕を許された（『猪隈関白記《いのくまかんぱくき》』）。このことから、後鳥羽は近衛家・九条家のどちらに肩入れするわけでもなく、双方の勢力を均衡させ、そのうえで自分が人事権を持つことで、摂関家やそれに従う貴族たちを自分の下に統制しようとしていたと考えられている。後鳥羽にとって、摂関家は二つに分かれ、争っているくらいがちょうどよかったのである。

後鳥羽の政策的意図はともかく、これによって摂関家は新たな段階を迎えた。一般に、摂関家は忠通の息子である基実・基房・兼実がそれぞれ摂関になったことから分立したといわれるが、法住寺合戦で師家が摂政になると基通が没落し、義仲滅亡後は基通が返り咲いて基房・師家が没落したように、三つの家系は同時に併存することはなかった。これは保元の乱前、摂関家の後継者の地位をめぐって忠通と頼長が争ったのと同じで、ここまでは唯一の後継者の地位（嫡流）を三つの家系が争っていたにすぎなかったのである。

ところが、後鳥羽は近衛家・九条家をともに摂関家として処遇した。摂関家領をめぐる争いに敗れ、嫡流を象徴する家産を持つことができなかった九条家は、本来ならば、建久七年の政変後、没落し、二度と摂関を輩出しなくてもおかしくなかったはずである。だが、後鳥羽によって摂関家としての家格の維持を許されることで、ここに新たな摂関家としての九条家が確立した。いわば、それまで一つしかなかった椅子取りゲームの椅子がもう一つ増えたのであり、厳密に言うと、これによって初めて摂関家は二つに分立したのである。

兼実の出家と法然への帰依

このように、九条家が存立の危機から一転、摂関家としての家格を確定させていく中で、兼実は建仁二年（一二〇二）正月二十八日、出家した。兼実は愛息良通の死など、折にふれて出家遁世を試みているが、出家の直接のきっかけとなったのは、四十年間連れ添った正妻兼子の死であった。兼子は前年十二月九日に死去し、兼実はその四十九日に出家したのである。側近の藤原定家《さだいえ》（長家流《ながいえ》）は、「貴賤《きせん》、妻室《さいしつ》四十九日に遁世の事、頗《すこぶ》る先例を聞かず」と述べている（『明月記』建仁二年正月二十八日条）。妻の四十九日に出家するなど、前例のないことだったのであり、それだけ兼実の妻に対する愛情が深いものであったことがうかがえよう。

　ところで、兼実の出家に当たり、戒師となったのは法然（源空）であった。法然といえば、浄土宗の開祖で、専修念仏《せんじゅねんぶつ》（極楽浄土に往生するため、ただひたすらに念仏をおこなうこと）を唱えたことで知られるが、『愚管抄』（巻第六）には、「九条殿《くじょうどの》（兼実）ハ、念仏ノ事ヲ法然上人《しょうにん》ス、メ申シヲバ信ジテ、ソレヲ戒師《かいし》ニテ出家ナドセラレシ」とある。良通の没後、兼実が法然を初めて招いたことについては前述したが、以後、法然はたびたび兼実邸を来訪するようになり、兼実は法然の教えに傾倒するようになっていたのである。

　建久二年（一一九一）九月二十三日、中宮任子は病によって内裏から兼実の大炊御門殿に退出したが、兼実は同月二十九日、法然を大炊御門殿に招き、中宮任子に戒《かい》を授けさせた。兼実によると、このとき「先例、此《か》くの如き上人、強《し》いて貴所《きしょ》に参らず」と言って、法然が中宮の受戒をおこなうことをこころよく思わない者もいたという。法然は延暦寺の出身だが、僧位《そうい》・僧官《そうかん》を持たない遁世僧《とんせいそう》であ

『法然上人絵伝』に描かれた兼実出家の場面　京都市・知恩院蔵　『続日本の絵巻１　法然上人絵伝　上』（中央公論社、1990 年）より転載

り、こうした僧侶の重用について、保守的な貴族の中には反発もあったのである。だが、兼実は、これを事情を知らない者の言うことだとして意に介していない。兼実によると、近代では名僧といわれる官僧《かんそう》はいっさい戒律《かいりつ》のことを知らず、このような遁世の上人のほうが戒律について学び、効験もあるといい、そのために、彼はあえて「傍難《ぼうなん》を顧《かえり》みず」、法然を招いたのだというのである。

このように、兼実は世間の批判もどこ吹く風で、その後も法然を重用しつづけた。建久六年七月、任子の出産に当たっても、兼実は法然を招いて受戒をおこなわせ（『三長記』七月十三日条）、正治二年（一二〇〇）七月二十日、兼子の病が重くなったときにも法然に受戒をおこなわせた。また、浄土宗の根本経典である『選択本願念仏集《せんちゃくほんがんねんぶつしゅう》』は建久九年、兼実の要請に応え、法然が撰述したことが知られており、兼実は法然の宗派確立自体に大きな影響を与えたと言えるだろう。ちなみに現在、高等学校の「日本史Ｂ」の教科書として最も広く利用されている山川出版社の『詳説日本史』では、兼実についての記述は、実は法然の事績の中で信者の一人として見えるのみなので、そもそも、読者の中には兼実について政治家というより、むしろ鎌倉仏教の関係者だと思っていたという方もいるのではなかろうか。

宜秋門院へ財産を譲ったのはなぜか

十四世紀初め、法然の事績を描いた『法然上人行状絵図《ぎょうじょうえず》（法然上人絵伝《えでん》）』の中には、兼実の姿がたびたび登場するが、その中の一つには、寝殿造の邸宅と広大な庭園をもつ月輪殿《つきのわどの》の様子が描かれている（巻八第五段）。この月輪殿は、法性寺《ほっしょうじ》北側の谷を隔てた東北に当たり、現在の東福寺即宗院《とうふくじそくしゅういん》の位置にあったと考えられている。

兼実が月輪殿を造営したのは、正治二年正月から二月のこととされているが、ほぼ同じ頃、兼実は皇嘉門院《こうかもんいん》から譲り受けた九条堂《くじょうどう》（証真如院《しょうしんにょいん》）を中宮任子に譲っている（正治二年正月十九日条）。また、任子は同年六月二十八日、女院号《にょいんごう》を宣下されて宜秋門院《ぎしゅうもんいん》となっているが、彼女はこれにあわせて九条に新御所を造営し、居所としているから（『重長朝臣記《しげながあそんき》』正治二年十月十九日条）、月輪殿の造営は、九条に任子の御所を造営するのとセットでおこなわれたものと思われる。

兼実は、建久七年の政変の直前、大炊御門殿から再び九条富小路殿に戻っていたようだが、ここで九条を任子の御所として整備し、自身は九条から去って月輪殿に移ったのである。建仁二年正月二十日、月輪殿には小御堂《しょうみどう》（のちの報恩院《ほうおんいん》）が供養されたが、『明月記』には、同二十八日、兼実が出家したのも「月輪殿新御堂」と記されており、この堂で出家したことがわかる。

ではなぜ、兼実は九条の地を任子に譲ることにしたのだろう。元久《げんきゅう》元年（一二〇四）四月二十三日、兼実は処分状《しょぶんじょう》を作成して財産を子女に譲ったのだが、実はここでも最勝金剛院領をはじめ、ほとんどの所領は宜秋門院に譲ることとされている。このように、財産が九条家の跡継ぎである良経ではなく娘の任子に譲られたことについて、これまでの研究では、女院という地位の権威によって所領を保護するためなどと説かれてきた。

だが、本書では第一部第三章で、そもそも兼実とは皇嘉門院の跡継ぎであったことを明らかにした。このことから考えれば、宜秋門院への譲与はきわめて自然なことなのではないだろうか。本来、最勝金剛院や九条堂でおこなわれていた仏事とは、皇嘉門院を中心にその院司や女房によって運営されていたものであり、所領とはその財源であった。宜秋門院が九条の御所や最勝金剛院を相続したことによって、九条は女院の御所になり、仏事は女院を中心に院司や女房によって執り行われる、本来あるべき姿に戻されたのである。

ただ、このことは、九条家が良経の摂政就任によって摂関家としての家格を確立させつつも、家産支配の面では女院の継承者という性格をなお強くもち、完全な摂関家にはなり切っていなかったことを示すものでもあるだろう。嫡流を継承できなかった九条家は、やはり摂関家としては不完全であった。こうした性格は、良経の嫡子である道家《みちいえ》の代以降、しだいに改まっていくものと思われるが、兼実の段階では克服できなかったのである。

晩年の兼実を襲う数々の危機

兼実は、出家以後も日記『玉葉』を記録し続けていたが、現在確認される『玉葉』は、建仁三年（一二〇三）正月五日の「晴れ、此の日叙位なり」という記事をもって終わっている。ときに兼実五十五歳。処分状を書いたのはこの翌年で、この頃、彼はすでに静かに余生を過ごそうと考えていたのであろう。

九条兼実画像　東京大学史料編纂所蔵模本

ところが、現実には兼実に静かな余生などなかった。晩年も、兼実の周辺には次々と困難な問題が起こり、彼には休まるひまなどなかったのである。まず、最初に起こったのは、法然教団の問題である。前述のように、法然は専修念仏を唱えたが、これに対して延暦寺・興福寺といった旧来の大寺院が反発し、元久二年（一二〇五）、興福寺は専修念仏の停止や弟子の処罰を求め、朝廷に訴状を提出したのである。法然の教えに帰依し、教団を庇護してきた兼実としては、これは大問題であった。だが、

法然上人画像　東京大学史料編纂所蔵模本

幸いなことに当時、摂政・藤氏長者は良経であり、興福寺を管轄する勧学院別当《かんがくいんべっとう》は兼実側近の三条長兼であった。また、後鳥羽院も法然教団に対する弾圧には慎重で、事態はやがて収束していった。

しかし、これがようやく落ち着いたと思われた矢先の元久三年三月七日、摂政良経が三十八歳という若さで急死した。良経の死去については、『三長記』『明月記』といった貴族の日記にその頃の記事が欠けていて、くわしいことがわからないのだが、就寝中の突然死であったらしく、のちには天井の上に放たれた刺客《しかく》によって刺し殺されたとの説もささやかれた（『尊卑分脈《そんぴぶんみゃく》』「良経公伝《よしつねこうでん》」）。それはともかく、兼実にとっては長男良通に続く愛息の死去であり、相当のショックであったことは間違いないだろう。

そのうえ、良経には一条能保の娘との間に道家が生まれていたが、まだこのとき十四歳であった。兼実は九条家を摂関家として確立させ、あとは良経に託した、といったところだったのに、ここに来てまたもや暗雲が立ちこめてきたのである。兼実は道家に対して、良経の没後五十日以降は、つねに自分の所に参り、公事《くじ》について学ぶようにと命じている（『三長記』元久三年四月十八日条）。兼実は年若い孫道家を指導・後見しなければならなくなり、とても静かな余生などという状況ではなくなってしまった。

しかも、良経の没した直後から、法然の問題に再び火がつきはじめる。建永《けんえい》元年（一二〇六）十二月、後鳥羽院が熊野《くまの》御幸に行っている最中、院の側近女房である坊門局《ぼうもんのつぼね》（道隆流・坊門信清《ぼうもんのぶきよ》の娘）ら女房たちが、法然の弟子である住蓮《じゅうれん》・安楽《あんらく》らを御所に招き、密通したのである。激怒した後鳥羽は建永二年正月二十四日、専修念仏の停止を命じ、二月十八日、法然と親鸞《しんらん》ら弟子たちは流罪に処せられた。そして、問題の住蓮・安楽は、後鳥羽の命によって六条河原《ろくじょうがわら》で私的に処刑されたのである。

建永二年二月十日、兼実は後鳥羽のもとに使者を派遣しているが、この使者は「専修僧」を連れていたといい（『明月記』）、兼実は後鳥羽に寛大な処置を求めたらしい。これについて、藤原定家は「本当はこのようなときに申し入れなどしないほうがいいのではないか。頑固な御気性なので、なお依然としてこのようなことをなされるのである」と記している。「頑固な御気性」（原文は「骨鯁《こっこう》の御本性」）というのは、なんとも兼実らしい。

近年の研究によれば、この申し入れによって法然の配流先は兼実の知行国である土佐に決まり、法然の管理は兼実に委ねられることになったという。とはいえ、良経の急死によって、政権内で法然を守ろうとする実力者はいなくなっていた。良経の没後、後任の摂政になったのは兼実の仇敵である近衛基通の嫡子家実であり、流罪自体が覆るまでには至らなかったのである。

死去とその後

このように、元久三年（建永元年、一二〇六）から建永二年にかけ、困難な問題に相次いで見舞われ、兼実は出家したとはいえ、隠棲できるような状況ではなくなってしまった。しかし、兼実に残された時間はすでにほとんどなかった。建永元年五月十三日、定家と会った兼実は、「この十日ばかり、病が殊《こと》に激しく、身体の痛みは過去の痛みよりひどい」と語ったという。この頃、兼実はすでに病に冒されていたのである。

そして、建永二年四月五日、兼実は五十九歳で没した。定家はこの日の日記に、「このところ病が重いとは聞いていなかったので、たいへん悲しみ泣き叫んだ」と記している（『明月記』）。『愚管抄』（巻第六）には、「久シク病ニネテ起居モ心ニカナハズ」とあり、起き上がることもままならない状態が長く続いていたようだが、定家の記述からすると、死去はかなり急だったのだろう。この頃、源仲国《なかくに》（宇多源氏）の妻に後白河の霊が取り憑き、「我を祀《まつ》れ」などと言ったとされる事件が起きたが、『愚管抄』によれば、兼実はこのことを「アサマシガリ」、また、法然のことを嘆いて亡くなったとされている。

では、兼実が心配した法然や九条家はその後、どうなったのか。まず、最後まで嘆いたという法然については、土佐に流された後、九条家領讃岐国小松庄《こまつのしょう》（香川県丸亀市）に移され、九条家の庇護下に置かれた。そして、承元《しょうげん》元年（一二〇七）十二月、大赦《たいしゃ》によって畿内での居住を許され、承元五年（一二一一）に赦免されて京都に戻るのだが、この間、法然が居住した摂津勝尾寺《かつおじ》（大阪府箕面市）

や、帰京したあとに本拠とした大谷坊《おおたにぼう》（京都市東山区、現在の知恩院付近）についても、兼実の同母弟慈円や異母弟尊忠《そんちゅう》（最勝金剛院検校《けんぎょう》）によって差配がなされていたことが指摘されている。兼実の意志は兄弟に引き継がれ、法然は九条家関係者によって守られたのである。

一方、その九条家を守ったのは、後鳥羽院であった。かねてより良経を目にかけていた後鳥羽は、良経急死の報せに「殊《こと》に御悲歎《ごひたん》」（『三長記』元久三年四月三日条）であったとされ、父を失った道家に対しても、良経死去の直後、建永元年六月十六日、左近衛大将に任じるなど、彼を引き立てていく。また、良経の娘立子も「ミナシ子」（『愚管抄』巻第六）だったのを、後鳥羽は承元《しょうげん》三年（一二〇九）三月、東宮守成親王《とうぐうもりなりしんのう》の妃《きさき》に迎えた。やがて、立子は守成の即位（順徳天皇）とともに中宮となり、建保《けんぽう》六年（一二一八）十月、天皇の皇子を産んだ。この皇子が承久三年（一二二一）四月に即位する（仲恭《ちゅうきょう》天皇）ことで、九条家はついに念願の天皇外戚となるのだが、これ以上はもはや兼実の評伝である本書で扱うべきではないだろう。その後の九条家の展開については、また機会を改めて論じることにしたい。

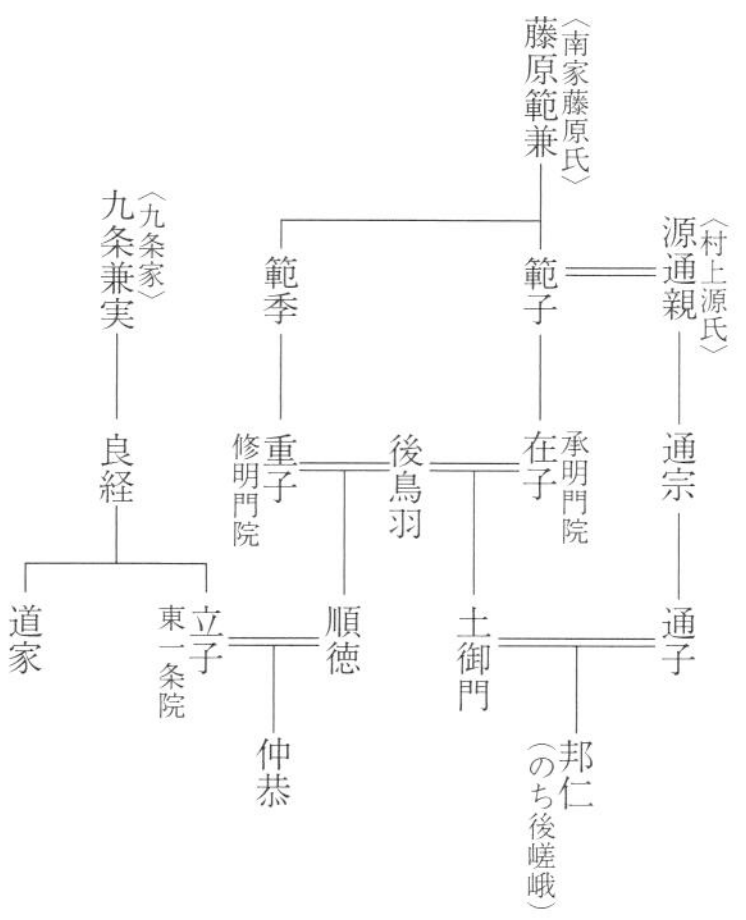

系図15　九条家・天皇家・村上家関係系図

あとがき

ここまで、九条兼実の人生をたどりながら、『玉葉』を読み直してきて、もっとも印象に残ったのは建久《けんきゅう》二年（一一九一）三月十四日条であった。この日の夜明け前、兼実は良経《よしつね》を伴い、内裏紫宸《だいりししん》殿《でん》に向かった。ここに、入内していた娘の任子と妻の兼子が合流し、一家そろって紫宸殿前の「左近の桜」の花を見たのである。『玉葉』によれば、このことは「秘して人に知らせず」、天皇がまだ眠っている中、任子も忍んでこれを見に来たのだという。そして、ここで見た桜の花について、とても美しく「実に思ひを動かし、目を驚か」したと記したのである。

任子の入内・立后はこの前年のことである。家族が内裏に集まってこっそりと花見をする。こんなことは自分が摂政で、娘が入内していなければ無理であろう。誰にも知らせず家族だけだったのは、何人もの娘を天皇の后にして、内裏内を我が物顔で闊歩《かっぽ》した道長の気分を味わいたかったからではないだろうか。まだ任子に懐妊の兆候は見られなかったが、これは目の前の満開の桜のように、兼実の人生においてもっとも満ち足りた瞬間であったに違いない。

実は正直なところ、筆者は摂関家の研究を続けながらも、九条兼実にはなかなか手が出せなかった。本書でも述べたように、兼実の位置づけについては、もとから摂関家の後継者であったという説や、そうではないという説があるなど、諸説が分かれ、自分自身、明確な回答が出せていなかったからである。また、兼実が何者かということは、九条家とは何かということにもつながり、ひいてはなぜ平安末期以降、摂関家は分立したのか、という大きな問題にもつながる。これらのことについても、筆者は自分なりの明確なイメージを持ち合わせていなかったのである。

しかし、一方で筆者はこのところ平安末期の摂関家についても、いくつか論文を発表しており、兼実から逃げまわっているばかりにもいかなくなってきた。そろそろ兼実についても考えなければならないな、と思っていた矢先、戎光祥出版株式会社の丸山裕之氏・石田出氏から出版のお話を伺い、飛びついたのが本書執筆のはじまりである。今にして思うと少々拙速だった気もしなくはないが、執筆するうちに自分の中での兼実像もかなり明確になり、摂関家分立への過程も一定の筋道は示すことができたと思う。おまけに、鎌倉初期の公武関係史についても、新たな見方を提示することができた。筆者個人としては、やはり収穫が大きかったと思っている。今後はここでの成果をもとに、兼実や鎌倉時代以降の摂関家の展開について、いっそう研究を進展させていきたい。

それにしても、『玉葉』を読み返すと、兼実の時代は個性的な人物の宝庫だと気付かされる。記主である兼実の個性もさることながら、基房や経宗《つねむね》、基通《もとみち》に後白河といった主役を食ってしまう強烈なキャラクターのオンパレードである。近年、日本中世史研究は南北朝～戦国時代の研究が盛り上がりを見せているが、平安・鎌倉時代にも知られざる面白い人物はたくさんいる。本書がきっかけで平安・鎌倉時代の政治史に興味を持ってもらえれば、これ以上の喜びはない。そのおりにはぜひ『玉葉』の原書も手にとってもらいたい。

最後に、本書の刊行に当たっては、右にもふれた戎光祥出版株式会社の丸山裕之氏・石田出氏のご尽力を得た。「中世武士選書」シリーズをはじめとして、武士関係の書籍に定評のある同社が、このような公家を扱った書籍を刊行されたのはまさに英断で、頭が下がる思いである。また、本書の一部は龍谷大学文学部で筆者が担当する「日本史学特殊講義B」の中で受講生にも聞いてもらった。受講生の反応を見つつ、執筆を進めることができたのは幸いであった。このほか、大阪大学大学院文学研究科博士後期課程の永山愛さんに原稿を厳しくチェックしていただいた。本書に関わったすべての方に、この場を借りてお礼申し上げて筆を擱きたい。

二〇一七年十月

樋口健太郎

【参考文献一覧】

麻木脩平「兼実と康慶―南円堂不空羂索観音像の造立をめぐって―」（『佛教藝術』第一三八号、一九八一年）
飯倉晴武『日本中世の政治と史料』（吉川弘文館、二〇〇三年）
井原今朝男『日本中世の国政と家政』（校倉書房、一九九五年）
岩田慎平『平清盛―乱世に挑戦した男―』（新人物往来社、二〇一一年）
上杉和彦『大江広元』〈人物叢書〉（吉川弘文館、二〇〇五年）
上横手雅敬『鎌倉時代政治史研究』（吉川弘文館、一九九一年）
上横手雅敬「公武関係の展開」（『日本の中世8 院政と平氏、鎌倉政権』中央公論新社、二〇〇二年）
上横手雅敬「「建永の法難」について」（同編『鎌倉時代の権力と制度』思文閣出版、二〇〇八年）
奥田　環「九条兼実と意見封事」（『川村学園女子大学紀要』創刊号、一九九〇年）
小原　仁『中世貴族社会と仏教』（吉川弘文館、二〇〇七年）
金澤正大「関白九条兼実の公卿減員政策―建久七年政変への道―」（『政治経済史学』第二二六号、一九八五年）
加納重文『九条兼実―社稷の志、天意神慮に答える者か―』〈ミネルヴァ日本評伝選〉（ミネルヴァ書房、二〇一六年）
神野祐太「九条兼実の仏舎利奉納願文にみる興福寺南円堂不空羂索観音像再興の意義」（『密教図像』第三三号、二〇一四年）
川合　康『源平の内乱と公武政権』〈日本中世の歴史3〉（吉川弘文館、二〇〇九年）
川合　康「治承・寿永の内乱と鎌倉幕府の成立」（『岩波講座日本歴史』第6巻中世1、岩波書店、二〇一三年）
川端　新『荘園制成立史の研究』（思文閣出版、二〇〇〇年）

栗山圭子『中世王家の成立と院政』（吉川弘文館、二〇一二年）
河内祥輔『保元の乱・平治の乱』（吉川弘文館、二〇〇二年）
河内祥輔『日本中世の朝廷・幕府体制』（吉川弘文館、二〇〇七年）
河内祥輔『頼朝がひらいた中世―鎌倉幕府はこうして誕生した―』（ちくま学芸文庫、二〇一三年。初版一九九〇年）
小松茂美『日本書流全史（上）（下）』（講談社、一九七〇年）
五味文彦『平家物語、史と説話』（平凡社、一九八七年）
佐伯智広「源通親―権力者に仕え続けた男の虚像―」（野口実編『治承～文治の内乱と鎌倉幕府の成立』〈中世の人物 京・鎌倉の時代編第二巻〉清文堂出版、二〇一四年）
佐伯智広『中世前期の政治構造と王家』（東京大学出版会、二〇一五年）
坂本賞三『藤原頼通の時代―摂関政治から院政へ―』〈平凡社選書〉（平凡社、一九九一年）
櫻井陽子「頼朝の征夷大将軍任官をめぐって―『三槐荒涼抜書要』の翻刻と紹介―」（『明月記研究』第九号、二〇〇四年）
佐々木文昭「平安・鎌倉初期の記録所について」（『日本歴史』第三五一号、一九七七年）
佐藤健治『中世権門の成立と家政』（吉川弘文館、二〇〇〇年）
重松明久『日本浄土教成立過程の研究―親鸞の思想とその源流―』（平楽寺書店、一九六四年）
菅原正子『中世公家の経済と文化』（吉川弘文館、一九九八年）
杉橋隆夫「鎌倉初期の公武関係―建久年間を中心に―」（『史林』第五四巻第六号、一九七一年）
杉山信三「藤原兼実建立の御堂二三について」（『奈良国立文化財研究所学報』第三冊、一九五五年）

曽我良成　『物語がつくった驕れる平家―貴族日記にみる平家の実像―』〈日記で見る日本史12〉（臨川書店、二〇一七年）
平　雅行　『鎌倉仏教と専修念仏』（法蔵館、二〇一七年）
多賀宗隼　『玉葉索引―藤原兼実の研究―』（吉川弘文館、一九七四年）
多賀宗隼　『論集中世文化史』上 公家武家篇（法蔵館、一九八五年）
高橋秀樹　『日本中世の家と親族』（吉川弘文館、一九九六年）
高橋秀樹　『玉葉精読　―元暦元年記―』（和泉書院、二〇一三年）
高橋秀樹　「藤原兼実―右大臣から内覧へ―」（野口実編『治承～文治の内乱と鎌倉幕府の成立』〈中世の人物 京・鎌倉の時代編第二巻〉清文堂出版、二〇一四年）
高橋昌明　『平清盛 福原の夢』〈講談社選書メチエ〉（講談社、二〇〇七年）
高橋昌明　『平家の群像―物語から史実へ―』〈岩波新書〉（岩波書店、二〇〇九年）
高橋昌明　『洛中洛外 京は〝花の都〟か』（文理閣、二〇一五年）
高松百香　「九条兼実の興福寺再建―中世摂関家と〈鎌足〉―」（『人民の歴史学』第一六二号、二〇〇四年）
田島　公　「「公卿学系譜」の研究―摂関・院政期の公家社会における朝儀作法・秘事口伝・故実の成立と相承―」（『禁裏・公家文庫研究』第三輯、思文閣出版、二〇〇九年）
田中文英　『平氏政権の研究』（思文閣出版、一九九四年）
玉井　力　『平安時代の貴族と天皇』（岩波書店、二〇〇〇年）
土田直鎮　『奈良平安時代史研究』（吉川弘文館、一九九二年）

長村祥知「木曾義仲の畿内近国支配と王朝権威」（『古代文化』第六三巻第一号、二〇一一年）
野口華世「中世前期の王家と安楽寿院―「女院領」と女院の本質―」（『ヒストリア』第一九八号、二〇〇六年）
野村育世「皇嘉門院の経営と九条兼実」（『早稲田大学文学研究科紀要』別冊第一四集、一九八七年）
野村育世『家族史としての女院論』（校倉書房、二〇〇六年）
橋本義彦『藤原頼長』〈人物叢書〉（吉川弘文館、一九六四年）
橋本義彦『平安貴族』〈平凡社選書〉（平凡社、一九八六年）
橋本義彦『源通親』〈人物叢書〉（吉川弘文館、一九九二年）
樋口健太郎『中世摂関家の家と権力』（校倉書房、二〇一一年）
樋口健太郎「白河院政期の王家と摂関家―王家の「自立」再考―」（『歴史評論』第七三六号、二〇一一年）
樋口健太郎「藤原忠通と基実―院政期摂関家のアンカー―」（元木泰雄編『保元・平治の乱と平氏の栄華』〈中世の人物 京・鎌倉の時代編第一巻〉清文堂出版、二〇一四年）
樋口健太郎「中世前期の摂関家と天皇」（『日本史研究』第六一八号、二〇一四年）
樋口健太郎「八条院領の伝領と八条良輔」（『年報中世史研究』第四〇号、二〇一五年）
樋口健太郎「平氏政権期の摂関と九条兼実」（『紫苑』第一四号、二〇一六年）
細谷勘資「皇嘉門院院司の構成と御給―一覧表の作成―」（『史聚』第二九号、一九九五年）
堀内寛康「文治記録所の一考察」（竹内理三編『荘園制社会と身分構造』校倉書房、一九八〇年）
松島周一「初期鎌倉幕府の対京都姿勢―文治元年末の廟堂改造要求を通して―」（『歴史学研究』第五八四号、一九八八年）

松島周一「基房・兼実・皇嘉門院」（『日本文化論叢』第五号、一九九七年）
松島周一「院伝奏としての藤原定能―後白河院と藤原兼実の交渉をめぐる断章―」（『年報中世史研究』第二二号、一九九七年）
松薗　斉「武家平氏の公卿化について」（『九州史学』第一一八・一一九合併号、一九九七年）
松薗　斉「治承三年のクーデターと貴族社会―花山院流と藤原基房―」（『愛知学院大学人間文化研究所紀要・人間文化』第二三号、二〇〇八年）
美川　圭『院政―もうひとつの天皇制―』（中公新書、二〇〇六年）
美川　圭『後白河天皇―日本第一の大天狗―』〈ミネルヴァ日本評伝選〉（ミネルヴァ書房、二〇一五年）
宮崎康充「九条兼実室「兼子」について」（小原仁編『『玉葉』を読む―九条兼実とその時代―』勉誠出版、二〇一三年）
元木泰雄『藤原忠実』〈人物叢書〉（吉川弘文館、二〇〇〇年）
元木泰雄『平清盛の闘い―幻の中世国家―』〈角川選書〉（角川書店、二〇〇一年）
元木泰雄「頼朝軍の上洛」（上横手雅敬編『中世公武政権の構造と展開』吉川弘文館、二〇〇一年）
元木泰雄『保元・平治の乱を読みなおす』〈ＮＨＫブックス〉（日本放送出版協会、二〇〇四年）
元木泰雄『平清盛と後白河院』（角川選書）角川学芸出版、二〇一二年
元木泰雄「藤原経宗―拷問を受けた有識の公卿―」（元木泰雄編『保元・平治の乱と平氏の栄華』〈中世の人物　京・鎌倉の時代編第一巻〉清文堂出版、二〇一四年）
山本博也「文治二年五月の兼実宛頼朝折紙について」（『史学雑誌』第八八編第二号、一九七九年）
吉川真司『律令官僚制の研究』（塙書房、一九九八年）

九条兼実関係年表

年号	西暦	年齢	事項
久安五	一一四九	一	この年、誕生。
久安六	一一五〇	二	九月二十六日、祖父忠実、父忠通を義絶し、叔父頼長を藤氏長者とする。
仁平元	一一五一	三	正月十日、頼長に内覧宣下。
久寿二	一一五五	七	七月二十三日、近衛天皇没（一七）。二十四日、後白河天皇践祚。
保元元	一一五六	八	二月十日、母加賀局（藤原仲光女）没（三三）。 六月二十一日、異母兄基実の猶子となる。 七月十一日、保元の乱。頼長、崇徳上皇と結び挙兵するも敗退。
保元二	一一五七	九	八月五日、着袴。八月十四日、童昇殿。
保元三	一一五八	一〇	正月十九日、元服。正五位下に叙され、禁色・昇殿を許される。 三月十三日、左少将に任じられる。四月二日、左中将に昇進。 同二十日、賀茂祭で忠通家人、藤原信頼の家人と闘乱。家司平信範ら、解官される。 八月十一日、異母兄基実、関白に任じられる。後白河天皇退位、二条天皇践祚。 十月二十一日、宇治行幸の賞として従四位下に叙される。
平治元	一一五九	一一	正月三日、朝覲行幸の賞として従四位上に叙される。 四月六日、正四位下に叙される。 七月一日、関白基実、藤原忠隆女（信頼妹）と結婚する。 十二月九日、藤原信頼、三条烏丸御所を襲撃し、二条天皇・後白河院を幽閉。 同二十六日、信頼、六波羅で平氏軍と合戦して敗北。斬首される（平治の乱）。
永暦元	一一六〇	一二	二月二十八日、従三位に叙され、公卿となる。六月二十日、正三位に叙される。 八月十一日、権中納言に任じられる。
応保元	一一六一	一三	正月二十九日、藤原季行の娘・兼子と結婚。 八月十九日、右近衛大将に昇進。九月十三日、権大納言に任じられる。 十二月二十三日、異母姉育子入内する。
応保二	一一六二	一四	正月十日、正二位に叙される。六月十八日、祖父忠実没（八五）。
長寛二	一一六四	一六	二月十九日、父忠通没（六八）。

永万元	一一六五	一七	四月、関白基実、平清盛の娘・盛子と結婚する。 閏十月十七日、『玉葉』現存記事の最初。同二十三日、内大臣に任じられる。 六月二十五日、六条天皇践祚。七月二十八日、二条上皇没（二三）。
仁安元	一一六六	一八	七月二十六日、摂政基実没（二四）。同二十七日、次兄基房が摂政に任じられる。 八月二十七日、左近衛大将に昇進。 十月十日、憲仁親王（のちの高倉天皇）立太子。皇太子傅に任じられ、左近衛大将を辞任。 十一月十一日、右大臣に任じられる。平清盛、内大臣に任じられる。 十二月二十四日、東三条殿焼失。以後再建されず。
仁安二	一一六七	一九	二月十一日、平清盛、太政大臣に任じられる。十一月六日、長男良通誕生。
仁安三	一一六八	二〇	二月十一日、平清盛出家。二月十九日、高倉天皇践祚。
嘉応元	一一六九	二一	六月十七日、後白河上皇出家。この年、二男良経誕生。
嘉応二	一一七〇	二二	七月三日、関白基房の家人ら、平資盛の車と遭遇し、資盛の車を破壊（殿下乗合事件）。 八月二十九日、同母弟道円没。 十二月十一日、関白基房、参内の途中、武士に取り囲まれ、狼藉される。 十二月二十六日、藤原隆輔の三条万里小路第に転居。
承安元	一一七一	二三	七月二十一日、皇嘉門院乳母御匣殿没（七八）。八月十日、基房、花山院忠雅の娘・忠子と再婚。 十二月十四日、平清盛の娘徳子、後白河院養女として入内。
承安二	一一七二	二四	九月十四日、神宮上卿を拝任する。
承安三	一一七三	二五	八月十五日、異母姉皇后育子没（二八）。九月二十三日、長女任子誕生。
承安四	一一七四	二六	正月七日、大臣労により、従一位に叙される。 二月二十五日、皇嘉門院御所火災。聖子、頼輔直廬に渡御。兼実家は延焼を免れる。 十二月一日、初めて除目の執筆を勤めるも、関白基房、儀式途中で退出。 十二月二十一日、皇嘉門院、御所九条殿を新造して転居。
安元元	一一七五	二七	三月七日、長男良通、皇嘉門院御所で元服。
安元二	一一七六	二八	七月八日、高倉天皇生母・建春門院没（三五）。
治承元	一一七七	二九	四月三日、基房より橘氏是定を譲られる。四月十三日、延暦寺衆徒入洛し、官兵と衝突（安元の強訴）。 四月二十八日、安元の大火（太郎焼亡）。五月一日、強盗、中宮庁に乱入。

			五月二十二日、天台座主明雲を配流。同二十三日、延暦寺大衆、明雲を瀬田で奪取。延暦寺攻撃が議論される。 六月一日、平清盛、院近臣西光・藤原成親らを捕縛し、西光を斬首。成親を流刑に処す。
治承二	一一七八	三〇	正月五日、初めて叙位の執筆を勤める。十月二十九日、長男良通、春日祭祭使を勤める。 十一月十二日、中宮徳子、言仁親王（のちの安徳天皇）を出産。十二月十五日、言仁立太子。 十二月二十四日、長男良通、従三位に叙され、公卿となる。
治承三	一一七九	三一	四月十七日、二男良経元服。六月十七日、基実妻・平盛子没（二四）。七月二十九日、平重盛没（四一）。 十一月十五日、清盛、後白河院を幽閉し、関白基房を解官。基実嫡子・基通が関白に任じられる。 十一月二十三日、関白基通より故実教示を頼まれ、承諾。
治承四	一一七九	三二	二月二十一日、高倉天皇退位、安徳天皇践祚。 五月十一日、皇嘉門院、処分状を執筆し、最勝金剛院以下の所領を良通に譲る。 同十五日、以仁王の謀反発覚。同二十六日、以仁王討たれる。 六月三日、福原遷都。六月十四日、福原に参る。同月二十日、病のため帰京。 六月二十三日、長男良通、花山院兼雅の娘と結婚。八月十七日、源頼朝、伊豆で挙兵。 十月二十日、富士川合戦。平氏の官軍敗退。十一月二十六日、平安京に還都。 十二月十五日、皇嘉門院領・兼実領をことごとく武士に召し上げるとの命令あり。 同十六日、基房帰京。同十九日、平氏の官軍、南都を攻撃し、東大寺・興福寺焼失。
養和元	一一八一	三三	正月十四日、高倉院没（二一）。同二十一日、平氏、皇嘉門院に東九条庄の一部供与を求める。 閏二月五日、清盛没（六四）。同月二十三日、藤原邦綱没（六〇）。 三月四日、皇嘉門院御所火災。聖子、兼実の九条富小路殿に移る。 同二十一日、皇嘉門院御所再び火災。聖子、頼輔の南直廬に移る。 六月五日、皇嘉門院、壬生の覚智僧正邸を借り移転。八月九日、再び頼輔の南直廬に戻る。 十一月二日、皇嘉門院、九条殿を新造し移転。十二月四日、皇嘉門院没（六〇）。
寿永元	一一八二	三四	二月九日、基房、最勝金剛院知行につき後白河に訴える。
寿永二	一一八三	三五	五月十一日、平氏の北陸道追討軍、砺波山合戦で大敗。 七月二十五日、平氏都落ち。同二十八日、源義仲・行家入京。八月二十日、後鳥羽天皇践祚。 十月十四日、源頼朝に宣旨を下し、東国の支配を認める。 十一月十九日、義仲、法住寺殿を襲撃し、後白河を幽閉。

			同二十二日、摂政基通、解任され、基房の嫡子師家が摂政に任じられる。
元暦元	一一八四	三六	正月二十日、頼朝の派遣した弟義経の軍勢入京。義仲敗退、近江粟津で討たれる。同月二十二日、摂政師家解官され、基通が摂政に復任する。二月八日、一ノ谷合戦。義経軍により、福原の平氏軍撃退。三月二十三日、頼朝、兼実を摂政に推挙。
文治元	一一八五	三七	正月六日、二男良経、従三位に叙され、公卿となる。二月十九日、屋島合戦。同二十四日、壇ノ浦合戦。安徳天皇入水し、平氏一門滅亡。六月三日、家司藤原基輔没。同十日、後白河院より和泉国を給わる。七月九日、大地震。八月二十七日、東大寺大仏開眼。十月十八日、義経の要請により、頼朝追討宣旨を発給。十一月三日、義経、西国に没落。十一月二十四日、頼朝の代官として北条時政上洛。十二月二十八日、内覧宣下を下される。
文治二	一一八六	三八	三月十二日、摂政・藤氏長者に任じられる。四月二十八日、藤原隆房の冷泉万里小路第を借り転居。五月十五日、源行家、和泉国で捕らえられ、斬首。十月二十八日、後白河院に公卿員数削減を奏上。
文治三	一一八七	三九	二月二十八日、里内裏閑院第に記録所を設置。八月二十一日、摂政就任後、初めて平等院に参る。
文治四	一一八八	四〇	二月二十日、長男良通没（二二）。八月四日、後白河より大炊御門殿を給わり、転居。
文治五	一一八九	四一	四月三日、後白河、長女任子の入内を許可。閏四月三十日、藤原泰衡、義経を攻撃し、義経自害。七〜十月、奥州合戦。八月一日、初めて法然を招き、往生について話す。九月二十八日、興福寺南円堂新仏開眼供養。十一月十五日、任子を従三位に叙し、入内雑事を定める。十二月十四日、太政大臣に任じられる。
建久元	一一九〇	四二	正月三日、後鳥羽天皇元服。加冠役を勤める。同十一日、任子入内。四月二十六日、任子立后。十月十九日、東大寺大仏殿上棟。十一月七日、頼朝上洛。同九日、兼実、頼朝と初めて対面。
建久二	一一九一	四三	十二月十七日、関白に任じられる。

建久三	一一九二	四四	三月十三日、後白河法皇没（六六）。七月十二日、頼朝、征夷大将軍に任じられる。
建久四	一一九三	四五	正月九日、藤原頼輔没。四月二十日、執政後初の賀茂詣。
建久五	一一九四	四六	九月二十一日、興福寺中金堂再建供養。
建久六	一一九五	四七	三月十二日、東大寺大仏殿再建供養。同三十日、頼朝と会談。 八月十三日、任子、昇子内親王を出産。
建久七	一一九六	四八	十一月二十五日、関白を解任される（建久七年の政変）。基通が関白に任じられる。
建久九	一一九八	五〇	正月十一日、後鳥羽天皇退位、土御門天皇践祚。
正治元	一一九九	五一	正月十一日、源頼朝死去（五三）。六月二十八日、同母弟兼房出家。
正治二	一二〇〇	五二	正月十九日、九条堂を中宮任子に譲る。正月～二月、月輪殿を造営。 六月二十八日、任子に女院号宣下、宜秋門院となる。
建仁元	一二〇一	五三	十二月九日、妻兼子没（五〇）。
建仁二	一二〇二	五四	正月二十八日、出家。十月二十一日、源通親没（五四）。十一月二十七日、良経に内覧宣下。 十二月二十五日、良経、摂政に任じられる。
建仁三	一二〇三	五五	正月五日、『玉葉』現存記事の最後。
元久元	一二〇四	五六	四月二十三日、処分状を作成。
元久二	一二〇五	五七	十月、興福寺、専修念仏停止を求める奏状を朝廷に提出。
建永元	一二〇六	五八	三月七日、摂政良経没（三八）。
承元元	一二〇七	五九	二月十八日、法然、土佐に流罪に処される。 四月五日、月輪殿で死去。

刊行にあたって

誰もが知っているような人物や事件の入門書ばかりではなく、マイナーだけどおもしろい事件や、地方に眠る歴史をじっくり読める書籍が欲しいという声をよく耳にします。このたび小社では、そのような声に応えようと、戎光祥選書ソレイユを刊行することにいたしました。歴史の醍醐味は、有名な武将の人生や、時代を変えた事件ばかりではありません。むしろ、学校の教科書で学べないような人物や事件に目を向けたとき、歴史のほんとうの楽しさがみえてきます。

小社では、そのような人物や事件に光を当てるという意味も込めて、シリーズ名を〝ソレイユ〟（太陽）と名付けました。気鋭の研究者が最新の研究成果をふまえて、平易な文章で歴史の奥深さを届けるシリーズになっております。太陽が地球をさんさんと照らすように、歴史の未来に新たな光の道筋を示すようなシリーズになることを願ってやみません。

〈編集部〉

【著者略歴】

樋口健太郎（ひぐち・けんたろう）

1974年、愛知県名古屋市生まれ。

2007年、神戸大学大学院文化学研究科博士課程修了。博士（文学）。

現在、龍谷大学文学部特任准教授。

主な業績に、『中世摂関家の家と権力』（校倉書房、2011年）、『新修神戸市史 歴史編Ⅱ古代・中世』（共著、神戸市、2010年）、『高砂市史 第一巻通史編』（共著、高砂市、2011年）等がある。

戎光祥選書ソレイユ002
九条兼実《くじょうかねざね》——貴族《きぞく》がみた『平家物語《へいけものがたり》』と内乱《ないらん》の時代《じだい》

2018年1月10日　初版初刷発行

著　者　樋口健太郎
発行者　伊藤光祥
発行所　戎光祥出版株式会社
〒102-0083 東京都千代田区麹町1-7 相互半蔵門ビル8F
TEL：03-5275-3361（代表）　FAX：03-5275-3365
http://www.ebisukosyo.co.jp
編集協力　株式会社イズシエ・コーポレーション
印刷・製本　モリモト印刷株式会社
装　丁　堀　立明

ISBN：978-4-86403-275-9